Nicole Maurer

WILDKRÄUTERLIEBE

ISBN 978-3-99025-503-2

printed by Buch.Theiss GmbH

Layout: Nicole Maurer
Lektorat: Barbara Schöberl
Fotos: Nicole Maurer

Anmerkung: Alle in diesem Text enthaltenen Anregungen, Beschreibungen, Tipps und Rezepte wurden mit großer Sorgfalt zusammengestellt und getestet. Dennoch kann aufgrund unterschiedlicher Rohstoffe, Ausgangsbedingungen und individueller Fähigkeiten nicht garantiert werden, dass die Informationen auf Ihre Situation zutreffen. Daher kann keinerlei Haftung für etwaige Verletzungen, Verluste oder andere Schäden übernommen werden, die aus der Verwendung der in diesem Text angebotenen Informationen resultieren.

Nicole Maurer

Wildkräuterliebe

85 REZEPTE
Brennnessel, Holunder & wilde Freunde

freya

Inhalt

Im Reich der Natur

reich durch die Natur

Wildkräuter sind viel mehr als ein störendes Unkraut. Sie strotzen nur so vor Widerstands- und Lebenskraft, sie sind kaum zu schlagen im Durchhaltevermögen, vor ihrer Durchsetzungskraft kapitulieren sogar Mauern und sie sind wahrlich eine Wildnatur, die nun mal wächst, wo es ihr beliebt – auch überall dort, wo es UNerlaubt ist. UNbeachtet ist ihre (manchmal bescheidene) Schönheit und UNbeliebt ihre EigenArten. UNerkannt ist auch ihr wunderbarer Geschmack.

Die wilde Kräuterküche ist Inspiration und Genuss. Wildpflanzen wie Brennnessel, Löwenzahn, Giersch, Gänseblümchen und viele andere haben sich seit Jahrhunderten bewährt. Doch ihre kulinarische Qualität ist leider zu sehr in Vergessenheit geraten.

Die Faszination der Wildkräuter eröffnet unendlich viele Fragen und den Raum, spannende Antworten zu entdecken. Mich hat die wilde Natur nicht mehr losgelassen. Es ist ein Eintauchen in Zeit und Raum, ein Erlebnis für die Sinne und eine Bereicherung von Wissen und Genuss.

Dieses Buch soll eine Einladung zu einer Natur-Entdeckungsreise und einem kulinarischen Lust-auf-Mehr-Ausflug sein. Wer die Natur bewusst wahrnehmen lernt, entdeckt eine beeindruckende Vielfalt, lässt sich von ihrem Ideenreichtum begeistern, wird vom Zauber ihrer Schönheit fasziniert und mit ihren Schätzen und essbaren Landschaften belohnt.

Nicole Maurer

Orientierung im Buch

Beim Durchblättern des Buches wird auffallen, dass Brennnessel und Holunder zu meinen Lieblingspflanzen in der Wildkräuterküche gehören. Sie sind wahre Allrounder und haben deshalb ihr eigenes Kapitel erhalten.

Obwohl jedes Kraut seine eigene Erntezeit hat, bedeutet das nicht, dass nur in dieser Zeit damit gekocht oder gebacken werden kann. Auf einige Kräuter muss auch in den kälteren Jahreszeiten nicht verzichtet werden. Mit ein bisschen Vorrat können manche Kräuteraromen sogar das ganze Jahr über genossen werden. Daher habe ich zur besseren Orientierung die Rezepte mit verschiedenen Symbolen versehen.

Frühjahr Sommer Herbst Winter

Weitere Symbole sind:

WISSENswert
Unter diesem Symbol erfahren Sie interessante Details der Wildpflanzen.

TIPP
Hier verrate ich Ihnen nützliche Tipps, die Ihnen bei der Verarbeitung, Konservierung und auch Nachhaltigkeit weiterhelfen können.

Variante
Mit meinen Vorschlägen möchte ich Sie dazu einladen, das Gericht auch mit anderen wilden Aromen und Komponenten auszuprobieren. Und zugleich möchte ich die Lust in Ihnen wecken, selbst kreativ zu werden und mit den verschiedenen Wildpflanzen und Aromen zu experimentieren.

Kleine Sammelkunde

Grundsätzlich sollten keine Pflanzen gesammelt werden, die man NICHT kennt!
Beginnen Sie mit einfachen Pflanzen wie Brennnessel, Löwenzahn oder Taubnessel.

Vermeide Sie Standorte mit hoher Umweltbelastung!
- Industriegelände und deren nähere Umgebung
- Hundewiesen
- Grünflächen an stark befahrenen Straßen
- Intensiv gedüngte Wiesen und Weiden (chemisch wie auch zu viel Gülle)

Geschützte und gefährdete Pflanzen dürfen nicht gesammelt werden!
Das Sammeln von Wildpflanzen für den privaten Gebrauch ist erlaubt. Es ist jedoch darauf zu achten, dass keine landwirtschaftlichen Kulturen geschädigt werden.

Sammeln Sie mit Bedacht!
Um die Natur zu schonen, sammeln Sie nur so viel, wie Sie wirklich brauchen und auch verbrauchen können. Achten Sie darauf, dass am Sammelort immer noch genügend Pflanzen stehen bleiben, damit ihr Fortbestand gewährleistet ist! Bitte keine allein stehenden Pflanzen ernten!

Ernten Sie nur gesunde und saubere Pflanzenteile!

Ernten Sie nur die Pflanzenteile, die Sie benötigen!
Versuchen Sie dabei, die Pflanze nicht unnötig zu verletzen und ihr ein Weiterwachsen zu ermöglichen. Auch Insekten, Wildtiere und Vögel benötigen Futter und sind auf Wildpflanzen angewiesen.

Zur Wildkräuterkunde gehört ebenfalls die Kenntnis der Giftpflanzen.
Um Unsicherheiten und Verwechslungen auszuschließen, beschäftigen Sie sich mit den wichtigsten Giftpflanzen.

Nach jedem Naturgang ist eine Zeckenkontrolle sehr sinnvoll.

Besonderheiten bei der Zubereitung

Manche Pflanzen(teile) benötigen eine besondere Zubereitung, da sie Inhaltsstoffe besitzen, die mitunter zu Unverträglichkeiten führen können. Z. B. Holunderbeeren sind erst nach dem Kochen unbedenklich zu genießen.

Aufbewahrung

Pflanzen, die getrocknet werden sollen, z. B. für Tee oder als Würze, sollten auch trocken und sauber gesammelt werden. Danach werden sie am besten auf einem Tuch oder Sieb flach aufgelegt und an einem schattigen Platz getrocknet. Regennasse oder vom Tau noch feuchte Pflanzen bekommen während des Trocknungsprozesses leicht dunkle Flecken und ebenso ist das Schimmelrisiko erhöht. Ggf. im Backofen bei max. 40–50 °C mit leicht geöffneter Ofentüre, damit Feuchtigkeit entweichen kann, zu Ende trocknen. Wenn das Sammelgut rascheltrocken ist, kann es in diverse Aufbewahrungsbehälter getan werden.

Tipp!

Es lohnt sich, übers Jahr die gleichen Sammelplätze zu besuchen, so kannst du die Pflanzen in ihren verschiedenen Wachstumsphasen kennenlernen.

Brennnessel

Hätte die Brennnessel keine Stacheln,
wäre sie schon längst ausgerottet worden,
so vielseitig sind ihre Tugenden.

Kräuterpfarrer Künzle

Dreierlei wilde Bruschetta

mit Brennnesselsamen

für 4 Personen

Baguette

Rezept siehe Grundteig für Zupfbrot Seite 223

Belag

1 Zwiebel oder Schalotte
2 Knoblauchzehen
gehackte Haselnüsse
Brennnesselsamen
Butter oder Öl zum Anbraten
Salz und Pfeffer

2 kleine Zucchini, gelb und grün
Tomaten
Eierschwammerl

Zwiebel und Knoblauch in feine Würfel schneiden. Die Brennnesselsamenrispen mit dem Messer oder Wiegemesser grob zerkleinern.

Zwiebel, Knoblauch in einer Pfanne mit Butter andünsten. Haselnüsse und Brennnesselsamen zufügen und leicht anrösten. Die Mischung salzen und pfeffern.

Variante1: Zucchini in kleine Würfel schneiden und in einer Pfanne mit wenig Öl oder Butter leicht anbraten, salzen und pfeffern. Diese dann mit einem Drittel der Brennnesselsamen-Haselnuss-Mischung vermengen.

Variante2: Eierschwammerl putzen und grob zerkleinern, in einer Pfanne mit wenig Öl oder Butter anrösten, mit Salz und Pfeffer würzen. Mit einem Drittel der Brennnesselsamen-Haselnuss-Mischung vermengen.

Variante3: Tomaten je nach Größe vierteln oder in Würfel schneiden. Anschließend mit einem Drittel der Brennnesselsamen-Haselnuss-Mischung vermengen. Salzen und pfeffern.

Baguette in Scheiben schneiden, entweder toasten oder in einer Pfanne goldbraun rösten. Anschließend Bruschettamassen darauf verteilen und servieren.

WISSENswert

Brennnesselsamen sind kleine Energiebündel. Sie enthalten sehr viel Eiweiß, Öl, ungesättigte Fettsäuren sowie Mineralstoffe wie Eisen, Kalium, Kalzium, Vitamine A, C und E.

Brennnessel-Rahmfleck

mit Ziegenkäse

für 1 Blech oder 8 Fladen

Teig

270 g glattes Dinkelmehl
180 g glattes Roggenmehl
300 ml Wasser
1 EL Pflanzenöl
1 TL Salz, gestrichen
10 g Germ

Belag

ca. 300 g Brennnesseln
1 Zwiebel
2 Knoblauchzehen
Ziegenfrischkäse oder auch als Rolle
Honig
200 g Sauerrahm (oder Crème fraîche, Frischkäse)
30 g Parmesan
Salz, Pfeffer

Den Germ im warmen Wasser auflösen und mit den restlichen Zutaten zu einem glatten und geschmeidigen Teig verkneten. Diesen dann mindestens 30 Minuten an einem warmen Ort gehen lassen.

In der Zwischenzeit die Brennnesseln blanchieren. Zwiebel und Knoblauch in feine Scheiben schneiden und in einer Pfanne glasig andünsten, Brennnesseln zugeben und kurz mit durchschwenken, salzen und pfeffern. Den Sauerrahm mit Salz und Pfeffer verrühren, Parmesan reiben und unterrühren.

Den Germteig nicht mehr durchkneten und auf einer bemehlten Arbeitsfläche ca. 5–7 mm dick ausrollen (je nach Belieben als Fladen oder in Blechform). Die Sauerrahmmischung auf den Teig streichen und die Brennnessel-Zwiebel-Mischung darauf verteilen. Ziegenkäse in Scheiben schneiden oder bei Frischkäse in Klecksen auf dem Fladen verteilen und jeweils einen Tropfen Honig auf den Ziegenkäse geben.

Den belegten Fleck ca. 15 Minuten gehen lassen und anschließend im vorgeheizten Ofen bei 220 °C auf unterster Schiene ca. 15 Minuten backen. Zum Schluss nochmal 1–2 Minuten auf oberster Schiene den Honig karamellisieren lassen.

TIPP!
Ab Juli können noch frische Brennnesselsamenrispen hinzugefügt werden und im Herbst passen auch Birnenscheiben wunderbar dazu.

Brennnessel

Der Schatz einer Kriegerin

Es gibt wohl kaum jemanden, der noch keine Bekanntschaft mit der Brennnessel gemacht hat und sich an ihr die Finger verbrannte. Und meist war diese Begegnung wohl ungewollt. Die Brennnessel ist wie eine stille Kriegerin – eine Amazone mit Pfeil und Bogen, kommt man ihr zu nahe, dann schießt sie unzählige ihrer Pfeile ab. Sie geht also wahrlich unter die Haut und von dort aus direkt weiter ins Großhirn, Abteilung Bleibende Erinnerung. Man könnte auch sagen, sie hat sich dort im wahrsten Sinne des Wortes ins Gedächtnis „eingebrannt".

Nicht nur in ihrem deutschen Namen, sondern ebenfalls in ihrer lateinischen Bezeichnung Urtica dioica ist ihre feurige Eigenart betitelt. Urtica leitet sich lateinisch von „urere" ab und bedeutet „brennen". Dioica weist auf ihre Zweihäusigkeit hin.

Die meisten Menschen betrachten die Brennnessel heute nur mehr als lästiges Unkraut, daher fristet sie oft ein unbeachtetes sowie ungeliebtes Dasein. In ihr steckt so viel mehr, wahre Schätze sind in ihr verborgen. Trotz ihrer Unbeliebtheit bevorzugt sie es, sich in der Nähe der Menschen anzusiedeln.

Durch ihre unauffällige Art und ihre versteckte Schönheit, die weitab von jeglichen Idealen liegt, hat sie ihren eigenen Weg gefunden, auf sich aufmerksam zu machen – selbstverständlich mit bleibender Erinnerung. Das Wundermittel ist ein Cocktail aus Histamin, Acetylcholin, Serotonin und Ameisensäure, der bei der kleinsten Berührung injiziert wird, denn die Brennhaare ähneln einer Injektionsnadel. Am Ende eines jeden Brennhaares befindet sich ein kleines Köpfchen, das bei Kontakt durch die daruntergelegene Sollbruchstelle messerscharf abbricht und wie eine Nadel in die Haut eindringt. Ein sehr ausgeklügeltes Verteidigungssystem.

Warum brennt die Brennnessel? In den meisten Beschreibungen ist zu lesen, dass ihr ein „Fass-mich-nicht-an" auf die Stirn geschrieben steht, aus Angst vor Verletzungen, als wäre sie ein schwer bewaffnetes Mimöschen. Für mich symbolisiert sie jedoch eher die Herausforderung, Provokation und eine Aufforderung an den Mut – „Na, traust du dich?". Denn das Geheimnis ist, wie man mit der Brennnessel umzugehen weiß. Da sind Beherztheit und Mut gefragt, fest zupacken ist die Devise, sodass die gefährlichen Brennhaare abgedrückt werden, ehe sie stechen können. Die Pflanze von unten nach oben gestreift, ist ebenfalls ungefährlich. Und ein einzelnes Blatt wird von innen nach außen abgestreift, in Richtung der Brennhaare. Diese Hinweise sind nicht nur verschiedenen literarischen

Quellen entnommen, sondern im Eigenversuch erprobt. Ein paar besonders bissige Exemplare gibt es trotzdem, da helfen dann nur Handschuhe und als Erste-Hilfe-Maßnahme schaue man sich nach einem Breit- oder Spitzwegerich um.

Die Brennnessel ist eher eine schlichte Pflanze, etwas unscheinbar auf den ersten Blick. Doch mir scheint, sie hat eine Vorliebe für Geometrie und Symmetrie. Ihre Blätter sind gegenständig angeordnet und bilden mit dem darüber- oder darunterliegenden Blattpaar ein Kreuz. Der geometrischen Ordnungsliebe nicht genug, hat die Brennnessel einen kerzengeraden und gerillten Stängel, der hoch hinaus will. In den Blüten will sich leider kein Farbtupfer zeigen und obendrein sind diese auch noch winzig klein. Um sie in ihrer ganzen Pracht betrachten zu können, ist eine Lupe vonnöten. Die Brennnessel ist eine zweihäusige Pflanze, das bedeutet, dass männliche und weibliche Blüten getrennt voneinander auf verschiedenen Pflanzen wachsen. Die männlichen Blüten haben sich ebenfalls der Zahl 4 verschrieben und mit ihren vier Staubblättern bilden sie abermals ein Kreuz. Die weibliche Blüte wirkt dagegen etwas wild, wie ein Struwwelpeter in Miniaturform. Auffallend in ihrer ganzen Erscheinung ist die Betonung des Aufrechten, so als wolle sie hoch hinaus, aber auch ein gewisser Stolz scheint da enthalten zu sein.

Eine Begegnung mit der Brennnessel ist ein Spiel mit dem Feuer. Und vielleicht liegt gerade hierin ein Teil ihres Schatzes verborgen. Die Pflanze ist dem Element Feuer zugeordnet. Da stellen sich mir vielerlei Fragen. Welches Feuer will sie in mir entfachen? Wofür brennt mein Herz, was erweckt das Feuer der Begeisterung in mir? Möchte die Brennnessel dem Leben mehr Feurigkeit verpassen oder in ihrem Fall injizieren, den Funken überspringen lassen? Feuer ist heiß – manchmal auch zu heiß – es brennt wild und ungezügelt und ist manchmal schwer unter Kontrolle zu halten, da will es ausbrechen und seine Funken versprühen, will sich ausbreiten und alles niederbrennen – wild und unkontrolliert. Wild und unkontrolliert, das fehlt den Menschen in einer Zeit, wo sie nur mehr funktionieren sollen. Vielleicht ist es das Feuer der Wildheit und des Ungezähmten, welches die Brennnessel entfachen möchte. Oder einfach das Alte, das nicht losgelassen werden will, soll verbrannt werden, damit ein fruchtbarer Boden für Neues bereitet werden kann. Feuer bringt aber nicht nur Wärme, sondern auch Licht. Und mit Licht kann die Brennnessel sehr gut umgehen, sie gehört zu den chlorophyllreichsten Pflanzen. Also vielleicht geht ja bei so viel Feuer das ein oder andere Licht dann auch auf.

Was die Brennnessel meisterlich beherrscht, ist die Aufmerksamkeit ins Jetzt zu lenken. Die Gedanken können in der Vergangenheit, der Zukunft oder in Träumen und Fantasien sein, sie schafft es dennoch, die Achtsamkeit zu wecken. Mit Nachwirkung versteht sich.

Ein kriegerischer Anteil kann der Brennnessel trotzdem nicht abgesprochen werden. Mit all ihren Brennhaaren ist sie ja auch schwer bewaffnet. Mit Diplomatie hat die Brennnessel scheinbar nichts am Hut und geht sofort zum Angriff (oder ist es doch eine Verteidigung?) über. Sie ist im wahrsten Sinne des Wortes bis zu den Zähnen bewaffnet, damit meine ich ihre sägeblattartig gezahnten Blätter, die ebenfalls bestens mit Brennhaaren ausgestattet sind. Über eine Unterwerfung, Bändigung

oder gar eine Domestizierung lässt die Brennnessel nicht mit sich verhandeln. Sie wirkt stolz, unnahbar und unbeugsam, was sich in ihrem aufrechten, geradlinigen Wachstum widerspiegelt.

Unabhängigkeit ist eine weitere ihrer Stärken. Um ihren Bestand zu erhalten, braucht sie weder Mensch noch Tier, und sogar auf den Wind kann sie leicht verzichten. Zum einen ist die Brennnessel sehr fruchtbar und bildet zahlreiche Samen, aus denen viele neue Pflanzen werden können. Die männlichen Blüten mit ihren Staubblättern sind kleine Kraftpakete, die ihre Pollen explosionsartig herausschleudern. Diesen Pollenflug bei Windstille durfte ich schon mehrfach beobachten. Zum anderen vermehrt sich die Brennnessel auch recht gerne über Wurzelableger. Dank ihrer Rhizome reicht ein kleines Stückchen. Und hat sie erst mal ein Fleckerl Erde erobert, lässt sie sich nicht mehr vertreiben. Kurz, sie ist nicht totzukriegen. Und sollte sie doch einmal zu groß und störend sein, dann stutze ich sie ein bissl radikaler und nutze sie für eine Brennnesseljauche. Darüber freut sich dann der Rest des Gartens auch, da die Brennnessel ein sehr guter Stickstofflieferant und -anzeiger ist. Günstiger kann ein Dünger nicht sein.

Doch nun zu weiteren verborgenen Schätzen der Brennnessel, die die Menschen in früheren Zeiten besser anzuerkennen und zu nutzen wussten. Davon wissen schon die Märchen zu berichten. In den „wilden Schwänen“ von Hans Christian Andersen wird auf die Nutzbarkeit als Faserpflanze hingewiesen. Um ihre Brüder von ihren Schwanengestalten zu befreien, musste die Märchenheldin 12 Hemden aus Brennnesseln fertigen. Und im Grimm'schen Märchen „Jungfrau Maleen“ wird Bezug auf ihre kulinarische Qualität genommen. Womit wir nun auch bei meiner Lieblingsverwendung der Brennnessel angekommen sind.

Zuallererst ist eine Entwaffnung dieser feurigen Kriegerin vonnöten. Da gibt es mehrere Strategien: z. B. mit dem Nudelholz walken, blanchieren oder auch in Richtung der Brennhaare abstreifen. Danach können die guten Inhaltsstoffe auf köstliche Weise einverleibt werden. Die Brennnessel ist sehr reich an Vitamin C – dreimal so viel wie Brokkoli, sechsmal mehr als die Zitrone und selbst die Ribisel übertrifft sie noch. Sehr geschätzt ist sie auch als Eisen- und Eiweißlieferant. Weiters enthält die Brennnessel noch viele Mineralstoffe wie Magnesium, Kalzium, Phosphor und Silizium. Da können die meisten unserer Kulturgemüsesorten nicht mithalten.

Welch eine Delikatesse die Brennnessel ist, wissen auch Schmetterlingsarten wie das Tagpfauenauge, das Landkärtchen oder der Admiral. Für ihre Nachkommenschaft ist diese das reinste Schlaraffenland. Die Raupen dieser Schmetterlingsarten ernähren sich ausschließlich von der Brennnessel und ihnen scheinen die Brennhaare gar nichts auszumachen, sie haben da eine clevere Strategie entwickelt, sie fressen einfach um die Haare herum.

Auch in der Volksmedizin gilt die Brennnessel als große Heilerin und wird vielfältig eingesetzt. Darunter finden sich Blasen- und Nierenerkrankungen, Eisenmangel und Anämie, Müdigkeit, Hauterkrankungen u. v. m. Die beste Strategie jedoch ist, den Krankheiten zuvorzukommen und die Brennnessel regelmäßig auf die Speisekarte zu setzen, um sich ihre Stärken einzuverleiben.

Brennnessel-Joghurt-Dip

persische Art

für 4 Personen

60 g frische Brennnesseln
400 g griechischer Joghurt
1 kleine Zwiebel
2 Knoblauchzehen
½ TL Zimt
1 TL frischer Kurkuma
Salz, Pfeffer
1 Handvoll gehackte Walnüsse

Brennnesseln im kochenden Wasser kurz blanchieren, mit kaltem Wasser abschrecken und ausdrücken (das geht sehr gut mit einer Kartoffelpresse). Die Brennnesseln grob klein hacken.

Zwiebel und Knoblauch klein schneiden. Die Zwiebeln in etwas Öl goldbraun anrösten, Kurkuma und Zimt zugeben. Nun den Brennnesselspinat und den Knoblauch zugeben, kurz mit anbraten und alles abkühlen lassen.

Den Joghurt mit dem Spinat gut verrühren, mit Salz und Pfeffer würzen, zum Schluss die gehackten Walnüsse unterrühren.

Mediterrane Omeletttröllchen

mit Brennnesseln

für 4 Personen als Vorspeise

3 Eier
2 Doppelhände Brenn-nesselspitzen
4 Knoblauchzehen
Salz, Pfeffer
50 g (Ziegen)Frischkäse
1 kleine Melanzani oder Zucchini
2 Tomaten
ein paar Blätter Rucola oder Kapuzinerkresse
etwas Öl zum Anbraten

Die Brennnesseln im siedenden Wasser ca. 3–4 Minuten blanchieren, abseihen und den Wasserüberschuss ausdrücken (das geht am besten mit einer Kartoffelpresse).

Eier, 2 Knoblauchzehen und Brennnesseln zusammen mit dem Stabmixer pürieren. Eine eckige Auflaufform mit Backpapier auslegen, die grüne Eimasse hineingießen und für ca. 10–15 Minuten im Backofen bei 180 °C backen.

Das gebackene grüne Omelett mitsamt Backpapier an der Längsseite einrollen und auskühlen lassen.

Melanzani in dünne Scheiben schneiden und salzen. Tomaten entkernen und in Würfel schneiden. Die übrigen 2 Knoblauchzehen ganz fein schneiden und mit dem Frischkäse vermengen.

Melanzani in einer Pfanne auf beiden Seiten anbraten.

Das grüne Omelett entrollen, mit dem Frischkäse bestreichen, mit Melanzani belegen. Darauf die Tomatenwürfel und die Rucolablätter verteilen. Nun vorsichtig mithilfe des Backpapiers aufrollen, dieses dann gleichzeitig von der Rückseite des Omeletts lösen. Die grüne Rolle in Frischhaltefolie straff einrollen und für 3–4 Stunden im Kühlschrank fest werden lassen. Aufschneiden und anrichten.

Grüne Ravioli

mit Kürbisfülle

für 4 Personen

Ravioliteig
siehe Grundrezept Seite 232
20–30 g frische Brennnesselspitzen

Fülle
1 kleiner Hokkaido
Olivenöl
¼ TL Koriandersamen
¼ TL Fenchelsamen
1 TL Dost oder Wirbeldost
1 Knoblauchzehe
Parmesan, fein gehobelt
Salz und Pfeffer
Chili bei Bedarf

Gemüse
250 g Cocktailtomaten
1 kleine Zwiebel
1 Knoblauchzehe
Waldpilze
Quendel
Salz, Pfeffer

Ravioliteig lt. Grundrezept Seite 232 zubereiten und ca. eine halbe Stunde im Kühlschrank ruhen lassen.

Für die Fülle den Kürbis in Spalten schneiden und in eine Auflaufform legen. Die Gewürze im Mörser grob zerreiben, Knoblauch klein schneiden und alles mit Olivenöl vermengen. Mit dieser Mischung die Kürbisspalten einreiben und bei 200 °C im Ofen mit Ober-/Unterhitze ca. 20–30 Minuten garen.

Kürbisspalten klein schneiden, Parmesan zufügen und mit einer Gabel alles zu einem groben Brei zerdrücken und würzen.

Den Ravioliteig dünn ausrollen (idealerweise mit Nudelmaschine) und kleine Häufchen der Kürbisfülle auf den Teig setzen. Eine zweite Lage Nudelteig darübergeben und rund um die Häufchen fest andrücken, sodass möglichst keine Luftblasen entstehen. Nun in Quadrate schneiden und rundherum mit der Gabelspitze die Ränder andrücken oder Ravioliausstecher benutzen.

In einem großen Topf Wasser kochen und salzen. Die Ravioli 3–4 Minuten garen und mit einer Schaumkelle herausnehmen.

Zwiebel und Knoblauch klein schneiden und in einer Pfanne mit etwas Butter dünsten. Die geputzten Pilze zugeben und etwas anbraten. Derweil die Tomaten halbieren oder vierteln und in der Pfanne mit durchschwenken. Mit Quendel, Salz und Pfeffer würzen.

Nach Belieben zusätzlich mit Parmesanhobeln anrichten.

Kartoffelgratin

mit Brennnesseln

für 2 Personen

500 g festkochende Kartoffeln
150 g Brennnesseln
1 Zwiebel
2 Knoblauchzehen
Fetakäse
Salz und Pfeffer

Sauce

3 Eier
100 ml Sauerrahm
Salz, Pfeffer, Muskatnuss

Die Kartoffeln ca. 20 Minuten kochen, abkühlen lassen, schälen und in Scheiben schneiden. (Am leichtesten geht es, wenn die Kartoffeln vom Vortag sind.)

Zwiebel und Knoblauch in feine Würfel schneiden und glasig andünsten. Die Brennnesseln kurz in Salzwasser 2–3 Minuten blanchieren und kalt abschrecken, anschließend zu den Zwiebeln in der Pfanne geben, kurz mitdünsten und würzen. Kartoffeln und Brennnesseln abwechselnd in eine gebutterte Auflaufform schichten. Dazwischen auch Fetakäse verteilen.

Eier und Sauerrahm verquirlen, mit Salz, Pfeffer und frisch geriebener Muskatnuss würzen und über das geschichtete Gemüse gießen. Im nicht vorgeheizten Backofen bei 200 °C (Ober-/Unterhitze) ca. 40–50 Minuten backen.

TIPP!
Das Brennnesselwasser ist zum Wegschütten viel zu schade. Es kann als Tee, Blumengießwasser oder als natürliches Spritzmittel bei Pflanzenschädlingen weiter verwendet werden.

Brennnessel-Ravioli

mit geschmolzenen Tomaten

für 4 Personen

Ravioliteig
siehe Grundrezept Seite 232

Fülle
½ kleine Zwiebel
1 kleine Zehe Knoblauch
ca. 120 g Brennnesselspitzen
250 g Champignons
2–3 EL Crème fraîche
(Variante: Sauerrahm, Frischkäse)
Salz, Pfeffer

geschmolzene Tomaten
Cocktailtomaten
1 kleine Zwiebel
1 Knoblauchzehe
Salz, Pfeffer
etwas Quendel (oder Thymian)
Parmesan zum Bestreuen

Die Brennnesseln 3–4 Minuten im siedenden Wasser blanchieren, ausdrücken (das geht am besten mit einer Kartoffelpresse). Pilze, Zwiebel und Knoblauch klein schneiden und in einer Pfanne anbraten. Brennnesselspinat grob schneiden und kurz mit durchschwenken. Mit Salz und Pfeffer würzen, abkühlen lassen und mit der Crème fraîche vermengen.

Die Tomaten halbieren oder vierteln. Zwiebel und Knoblauch in feine Würfel schneiden und in etwas Öl dünsten, anschließend die Tomaten zugeben. Mit 2–3 EL Wasser kurz einköcheln, dadurch wird die Sauce etwas sämig. Mit Quendel, Salz und Pfeffer würzen.

Ravioliteig dünn ausrollen, kleine Häufchen auf den Teig setzen. Eine zweite Lage Nudelteig darübergeben und rund um die Häufchen fest andrücken, so dass möglichst wenig Luft mit eingeschlossen wird. Entweder einen Ravioliausstecher benutzen oder in Quadrate schneiden und rundherum mit der Gabelspitze die Ränder andrücken. Anschließend die Ravioli 3–4 Minuten in kochendem Wasser garen.

Die Sauce ggf. nochmal aufwärmen und über die Ravioli geben und ein paar Parmesanspäne darüberhobeln.

VARIANTE
In den Ravioliteig können auch 2 EL getrocknete Brennnesselsamen eingearbeitet werden.

Zucchini-Cannelloni

mit Brennnesseln und Feta

für 2 Personen

Cannelloni

2 Zucchini
130 g Brennnesselspitzen
100 g Fetakäse
1 Zwiebel
2 Knoblauchzehen
Öl zum Anbraten
Salz, Pfeffer

Tomatensauce

1 Dose Tomaten, gestückelt oder frische Tomaten
1 EL Tomatenmark
1 Zwiebel
2 Zehen Knoblauch
Salz, Pfeffer
Chiliflocken
1 Prise Zucker oder Honig

zum Überbacken

1 Mozzarella

Zucchini in 2 mm dünne Scheiben schneiden, auf einen Teller legen, leicht salzen und beiseitestellen.

Zwiebeln und Knoblauch schneiden. Einen Teil davon in einem Topf andünsten, Tomaten und Tomatenmark zugeben. Mit Chili, Pfeffer, Salz und einer Prise Zucker/Honig würzen.

Die Brennnesselspitzen kurz für 3–4 Minuten im kochenden Wasser blanchieren. Anschließend mit kaltem Wasser abschrecken und ausdrücken, das geht am besten mit einer Kartoffelpresse. Die Brennnesseln noch etwas klein schneiden.

In einer Pfanne mit etwas Öl die restlichen Zwiebeln und Knoblauch andünsten. Die Brennnesseln zugeben und ebenfalls kurz in der Pfanne durchschwenken. Mit Salz und Pfeffer würzen.

Den Feta klein bröseln und unter den Spinat mischen.

Nun die Zucchinischeiben mit Küchenkrepp abtupfen, einen Löffel Brennnessel-Feta-Mischung draufgeben, vorsichtig einrollen und in eine Auflaufform setzen. Ebenso mit den restlichen Zucchinischeiben verfahren, bis die Auflaufform voll ist. Die Tomatensauce verteilen und die Röllchen mit Mozzarellascheiben belegen.

Bei 200 °C (Ober-/Unterhitze) für ca. 20 Minuten backen, bis der Käse goldbraun ist. Ein Vorheizen des Backofens ist nicht notwendig.

Gebratener Fisch

auf asiatischem Brennnesselspinat

für 4 Personen

Spinat
300 g frische Brennnesseln
1 kleine Dose Kokosmilch
1 EL Kokosfett
1 EL frischer Ingwer, klein geschnitten
1 Zwiebel
2 Knoblauchzehen (oder im Frühjahr Bärlauch)
Salz, Pfeffer, Chiliflocken
ggf. frisches Gemüse der Saison

Fisch
4 Stück Fischfilet (z. B. Bach- oder Seeforelle, Saibling, Zander)
Salz, Pfeffer
1 EL Kokosfett

Brennnesseln grob schneiden (am besten mit Handschuhen). Zwiebel, Ingwer und Knoblauch klein schneiden und in einer Pfanne im heißen Kokosfett andünsten. Brennnesseln zugeben und mit der Kokosmilch ablöschen. Den Spinat ca. 5 Minuten auf kleiner Flamme köcheln. Mit Salz, Pfeffer und Chili würzen.

Für den Fisch die Filetstücke leicht salzen und pfeffern. Das Kokosfett in einer Pfanne erhitzen und die Fischstücke zuerst auf der Hautseite anbraten. Nach ca. 3–4 Minuten wenden und nochmal 2 Minuten braten. Der Fisch sollte nicht komplett durchgebraten, sondern innen noch leicht glasig sein.

Brennnesselspinat auf einem Teller anrichten und das gebratene Fischfilet obendrauf anrichten.

TIPP!
Als Wildspinat eignen sich auch Taubnesseln, Wiesenbärenklaublätter oder Gartenmelde.

Frühlingsgeflüster

Der Frühling ist die Zeit des Erwachens, des Aufbruchs und des Neubeginns. Die Natur erwacht zu neuem Leben, nachdem sie sich eine Winterpause gegönnt hatte. Das Licht nimmt nun täglich zu und ebenso die Wärme der Sonnenstrahlen. Sie kitzeln so lange, bis auch der letzte seine Winterruhe aufgibt. „Raus aus den Federn!", ruft der Frühling.

In der Natur ist keine Spur von Müdigkeit zu sehen, nur wir Menschen (der eine mehr, der andere weniger) plagen uns damit herum, wieder in die Gänge zu kommen. Die Natur ist uns allemal voraus. Vielleicht liegt es auch daran, dass wir verlernt haben, im Rhythmus, geschweige denn im Einklang mit der Natur zu leben. Leistung, Leistung, Leistung ist die Devise – Sommer wie Winter, Tag wie Nacht. Den Fortschritt, die Wissenschaft und alle modernen Errungenschaften in Ehren, aber wir bezahlen einen hohen Preis dafür. In mir breitet sich mehr und mehr die Überzeugung aus, dass der Mensch in (viel) früheren Zeiten zwar einfacher, aber weiser gelebt hat, eben mit der Natur. Er hat sie sich zunutze gemacht, ohne sie auszubeuten. Er hat sich grad so viel von ihr genommen, wie er für sich gebraucht hat. Er hat die Natur nicht nur genauestens beobachtet, sie respektiert und verehrt, er hat von ihr gelernt.

Die Natur ist DIE Lehrerin des Lebens. Und jetzt im Frühjahr erzählt sie uns vom WERDEN, von Geburt und Wiedergeburt, von Neubeginn und Erneuerung. Wobei deutlich gemacht werden muss, dass das neue Leben aus dem alten Leben entsteht. Wie sonst sollten die Pflanzen jetzt gedeihen, wenn nicht aus der Frucht des Vergangenen. Der Frühling wärmt und belebt. Er ist fröhlich wie das Vogelgezwitscher und bunt wie der Regenbogen. Der Frühling lässt neues Grün sprießen und schickt somit die Hoffnung wieder ins Land. Er erweckt die Lebensgeister, verleiht uns Tatendrang und beflügelt die Inspiration und Kreativität. Mit dem Frühling unzertrennlich verbunden ist die Fruchtbarkeit. Für die Menschen aus früheren Tagen hatte dies noch eine überlebenswichtige Bedeutung, schließlich neigen sich irgendwann einmal alle Wintervorräte dem Ende zu. Sehnsüchtig warteten sie nach einem entbehrungsreichen Winter auf das erste helle Grün, auf die ersten zarten Wildkräuter, die zugleich Lebendigkeit in müde Körper bringen sollten. Nun ist es Zeit, die neue Saat auf fruchtbaren Boden auszubringen. Der Frühling inspiriert dazu, sich auch selbst einmal zu fragen, welche Ideen, Projekte, Wünsche und Träume, die während des Winters Ruhezeit in mir gereift sind, nun auf fruchtbaren Boden fallen und gedeihen möchten?

Der Frühling ist ein großer Magier, er verzaubert nicht nur die Natur, er vermag auch den Menschen zu verzaubern. Mit einer Leichtigkeit vertreibt er die Schwermut des Winters und tauscht diese

Was der Frühling nicht sät,
kann der Sommer nicht reifen,
der Herbst nicht ernten,
der Winter nicht genießen.

gegen sanfte Frühlingsgefühle aus. Und wer denkt nicht beim Frühling an Frühlingsgefühle und an die Liebe? Und wer träumt nicht von einem fröhlichen Schmetterlingsgetummel in seinem Bauch?

Frühling ist ein Aufbruch und Durchbruch zu Neuem. Doch vor dem Neuen sollte das Alte einer Bestandsprobe unterzogen werden. Was hat sich bewährt und darf bleiben und was hat ausgedient? Nicht von ungefähr kommt der Frühjahrsputz – wobei damit nicht nur die persönlichen vier Wände gemeint sind. Die seelischen Wohnräume möchten auch einmal durchstöbert und gereinigt werden, da hat sich sicher so mancher Unrat angesammelt, aber auch vergessene Schätze könnten (wieder) entdeckt werden. Also ich fühle mich immer sehr wohl, wenn ich meine Wohnung komplett auf Vordermann gebracht habe. Nun stelle ich mir vor, wie gut ich mich fühle nach einem inneren Hausputz. Doch ich muss gestehen, dass dieser Seelenputz nicht so einfach ist und einer eigenen Zeitrechnung unterliegt.

Der Frühling trägt eine Magie in sich, die mich in reinstes Entzücken versetzt, wie etwa beim Anblick der ersten Schneeglöckchen. Eigentlich müssten sie Frühlingsglöckchen heißen, denn sie läuten wahrlich das Frühjahr ein. Der Frühlingszauber lässt mich wieder Kind werden, das voller Freude und Neugier die Natur entdeckt, jedes Jahr und jeden Tag aufs Neue. Ein jeder Frühjahrstag bringt mich zum Staunen. Wo soll ich nur anfangen, bei den ersten Tulpenspitzen, die herausragen, den Gänseblümchen, die frech ihre Köpfchen in die Höhe recken, wohl wissend, dass die Rasenmäherzeit noch nicht angebrochen ist, oder bei den gelben Narzissen, die mit der Sonne um die Wette strahlen, oder dem ersten Gelbgrün der Bäume. Ich würde hier nicht fertig werden, alles aufzuzählen – es ist und bleibt der Zauber des Frühlings. Es ist ein wahrer Augenschmaus für die müden Augen, die des Grau des Winters längst überdrüssig sind.

Doch ich möchte erinnern, dass der Winter mitsamt seiner Kälte und Dunkelheit sehr wohl seinen Sinn und auch seine Vorzüge hat, auch wenn so mancher gerne auf ihn verzichten würde. Die meisten Samen brauchen die Kälte und das Dunkel der Erde, um sich später entfalten zu können. Ohne Sonne kein Wachstum, aber ohne die Dunkelheit der Erde keine Nahrung. Erst mit der Kraft der Dunkelheit gelingt dem Keim der Durchbruch und der anschließende Weg ins Unbekannte und Ungewisse. Er strebt dem Licht entgegen und ist zugleich verwurzelt mit dem Dunkel der Erde.

In der Natur und deren Symbolik liegt die Weisheit für den Menschen verborgen. Wir müssen nur hinschauen und fühlen.

Grünes Omelett

mit Eierschwammerln

für 1 Omelett Ø 24 cm

3 Eier
ca. 30 g Brennnesseln
Salz, Pfeffer
Muskatnuss
1 Knoblauchzehe

1 Handvoll Vogelmiere
Eierschwammerl
1 Tomate
etwas Schafs- oder Ziegenkäse

Öl zum Anbraten

Brennnesseln im kochenden Wasser für ca. 2 Minuten blanchieren, anschließend kalt abschrecken und auspressen. (Das geht bestens mit einer Kartoffelpresse.)

Eier, Knoblauch und Brennnesseln mit dem Zauberstab fein pürieren. Mit Salz, Pfeffer und (frisch geriebener) Muskatnuss würzen.

Etwas Öl in eine Pfanne geben und die grüne Eiermasse hineingießen. Mit einem Deckel bei mittlerer Hitze langsam stocken lassen.

In einer zweiten Pfanne die Eierschwammerl anbraten.

Auf das fertige Omelett die Vogelmiere, die Eierschwammerl, Tomaten und den Käse geben und dann zusammenklappen.

TIPP!
Blanchierte Brennnesseln können ähnlich wie Blattspinat portionsweise eingefroren werden.

Brennnesselspinat

mit Wildkräuter-Aligot und pochiertem Ei

für 4 Personen

Brennnesselspinat

200 g frische Brennnesseln
1 Zwiebel
2 Knoblauchzehen
Salz, Pfeffer
1 EL Butter

Aligot

1 kg Kartoffeln, festkochend
200 g Bergkäse
100 ml Schlagobers
2 EL Butter
1 Handvoll Wildkräuter der Saison
Salz, Pfeffer, Muskatnuss

4 Eier
2 EL Essig

Die Kartoffeln in Salzwasser garen. Inzwischen den Bergkäse fein reiben, Zwiebel und Knoblauch schälen und klein schneiden. Wildkräuter ebenfalls klein schneiden.

Für den Brennnesselspinat Wasser kochen und darin die Brennnesseln für ca. 3 Minuten blanchieren und anschließend kalt abschrecken, damit sie ihre grüne Farbe behalten. Den Brennnesselspinat mit dem Messer grob klein hacken.

In einer Pfanne die Zwiebeln und den Knoblauch in etwas Öl glasig dünsten. Den Brennnesselspinat zugeben und kurz anbraten. Mit Salz und Pfeffer würzen. Zum Schluss noch die Butter untermengen.

Die Kartoffeln pellen und noch heiß durch die Kartoffelpresse drücken. Schlagobers erhitzen und zu der Kartoffelmasse geben. Wildkräuter und Bergkäse zugeben und verrühren, bis das Kartoffelpüree Fäden zieht. Mit Salz, Pfeffer und frisch geriebener Muskatnuss würzen.

Für die pochierten Eier in einem großen Topf Wasser zum Kochen bringen. 2 EL Essig hinzufügen und die Hitze zurückschalten, so dass es unter dem Siedepunkt bleibt. Die Eier einzeln aufschlagen und in eine Tasse geben. Mit einem Kochlöffel das Wasser aufrühren, so dass ein Strudel entsteht. In diesen Strudel das Ei hineingleiten lassen und ca. 3–4 Minuten ziehen lassen. Mit den anderen Eiern wiederholen.

Nach Belieben anrichten und mit Wildkräutern garnieren.

Grüne Burgerbuns

Grundrezept

für 8 Buns

450 g glattes Dinkelmehl
100 g Vollkorndinkelmehl
200 ml Hafermilch
2 Eier
20 g frischer Germ
30 g Honig
8 g Salz
90 g weiche Butter
50 g frische Brennnesselspitzen

Zum Bestreichen

1 Eigelb
2 EL Hafermilch

Brennnesseln in kochendem Wasser 3–4 Minuten blanchieren, kalt abschrecken und anschließend fest ausdrücken. Das geht bestens mit einer Kartoffelpresse. Die Brennnesseln mit den Eiern und der Milch sehr fein pürieren.

Das Mehl in eine Schüssel geben und in der Mitte ein Mulde formen. In diese Germ hineinbröseln und Honig zugeben. Einen Teil der grünen Hafer-Eiermilch zugeben und mit etwas Mehl einen Vorteig anrühren. 15 Minuten aufgehen lassen.

Alle weiteren Zutaten zufügen und zu einem glatten Teig kneten. Da es ein Briocheteig ist, ist der Teig sehr weich. Zugedeckt 45 Minuten gehen lassen, bis sich das Volumen verdoppelt hat.

Den Teig nun nicht mehr durchkneten und auf eine bemehlte Arbeitsfläche geben. Teig leicht bemehlen und in 8 gleich große Stücke teilen. Jedes Teigstück wird nun zu einer Kugel geformt. Damit die Teiglinge mehr Oberflächenspannung bekommen und somit ihre Form besser behalten, werden sie „rundgeschliffen". Hierbei wird der Teigling etwas flach gedrückt und dann von den Seiten her zur Mitte hin zusammengefaltet, sodass eine Kugelform entsteht. Den Teigling umdrehen und mit der Hohlhand über die Unterlage rollen. Teigkugeln auf ein mit Backpapier ausgelegtes Backblech legen und 30 Minuten rasten lassen.

Derweil den Backofen auf 200 °C vorheizen. Eigelb und Hafermilch vermengen und damit die Buns für eine glänzende Oberseite bepinseln. Bei 200 °C Ober-/Unterhitze auf mittlerer Schiene 15 Minuten goldbraun backen.

Grüne Topfenknödel

mit Erdbeeren

für ca 16–18 Knödel

400 g Topfen
160 g Mehl, glatt
20 g Butter, zerlassen
2 Eier
Prise Salz
Abrieb einer Zitrone
50 g Brennnesselspitzen

Erdbeeren
100 g Haselnüsse, gerieben
Staubzucker zum Bestreuen

Die Brennnesseln kurz im kochenden Wasser für 3–4 Minuten blanchieren, dann mit kaltem Wasser abschrecken und ausdrücken. (Dies geht am besten mit einer Kartoffelpresse.) Die Brennnesseln grob klein schneiden und mit den Eiern fein pürieren.

Nun alle Zutaten zu einer homogenen Teigmasse verarbeiten und für 3–4 Stunden kühl stellen.

Den Teig auf einer bemehlten Arbeitsfläche zu einer Rolle formen. Nun mit bemehlten Händen die Teigscheibe um die Erdbeere formen. Wasser mit einer Prise Salz zum Kochen bringen. Die Knödel für 10–15 Minuten im schwach kochenden Wasser garen. (Wenn sie oben schwimmen, lasse ich sie noch ca. 5 Minuten ziehen, damit auch in der Mitte kein roher Teig verbleibt.)

Haselnüsse in einer Pfanne ohne Fett leicht bräunen. Die Knödel mit einer Schaumkelle aus dem Waser nehmen und in den Haselnüssen wälzen. Mit Puderzucker bestreuen und servieren.

WISSENswert
Brennnesseln sind sehr reich an Chlorophyll. Das ist der grüne Blattfarbstoff, den die Pflanzen durch die Fotosynthese produzieren. Daher eignet sich die Brennnessel hervorragend, um ein bisschen Farbe ins Spiel zu bringen.

Topfengrießnockerl

mit Brennnesselsamen

für 4 Personen als Dessert

300 g Topfen
30 g weiche Butter
50 g Maisgrieß
40 g Staubzucker
40 g Semmelbrösel
2 Eier
3–4 EL getrocknete Brennnesselsamen
1 Prise Salz
Abrieb einer Zitrone

Zwetschkenröster
Rezept siehe Seite 158

Topfen in ein Tuch geben und vorsichtig das Wasser herausdrücken.

Topfen, Butter und Eier mit dem Schneebesen cremig verrühren. Nun mit allen weiteren Zutaten vermengen. Den noch recht weichen Teig für mindestens 30 Minuten im Kühlschrank rasten lassen.

In einem großen Topf Wasser zum Kochen bringen, salzen und die Temperatur zurückschalten, sodass das Wasser knapp unter dem Siedepunkt ist.

Mit 2 Löffeln Nockerl formen und ins Wasser geben. Das Wasser soll aber NICHT kochen, sonst zerfallen die Nocken. Nach wenigen Minuten schwimmen die Nockerl bereits an der Wasseroberfläche, sie sind aber innen noch nicht gar. Insgesamt sollten sie 10–15 Minuten zugedeckt garen.

Die Nockerl warm mit Zwetschkenröster (oder anderen Früchten) anrichten.

Grasgrüner Zitronenkuchen

mit Brennnesseln

für 1 Kastenform

Teig
250 g Butter
150 g Zucker
250 g Mehl
5 Eier
3 Zitronen, Abrieb
2 TL Backpulver
1 Prise Salz
ca. 80–100 g Brennnesselspitzen

Guss
100 ml Zitronensaft (3–4 Zitronen)
80 g Puderzucker

Zitronenglasur
3–4 EL Zitronensaft
180 g Puderzucker

Brennnesseln im siedenden Wasser für 3–4 Minuten blanchieren, dann gut ausdrücken. Dafür eignet sich am besten eine Kartoffelpresse. Die Brennnesseln etwas auskühlen lassen und anschließend mit den Eiern pürieren.

Butter und Zucker schaumig rühren, bis sich der Zucker gelöst hat. Zitronenschale und die grüne Eimasse nach und nach zugeben. Mehl, Salz und Backpulver miteinander mischen und mit der Masse verrühren.

Den Teig in eine gut gefettete Kuchenform füllen (nach Belieben Kastenform, Guglhupf, Springform ...). Bei 180 °C Ober-/Unterhitze ca. 60 Minuten backen. (Vorheizen des Ofens nicht nötig.)

Für den Guss die Zitronen auspressen und den Puderzucker darin auflösen. Dann den noch heißen Kuchen in der Form damit tränken. Einen Teil des Gusses vorsichtig darübergießen und den Rest nach und nach mit dem Pinsel darüber verteilen, sodass der Kuchen von allen Seiten gut getränkt ist.

Wer mag, kann dem Kuchen noch eine Zitronenglasur als Feinschliff verleihen. Dafür 3–4 EL Zitronensaft mit dem Puderzucker verrühren, sodass eine glatte Glasur entsteht, diese gleichmäßig über den Kuchen verteilen.

Sommerfrüchte-Crumble

mit knusprigen Streuseln

für 4 Personen

Obst der Saison

Streusel

70 g Haselnüsse gerieben
70 g Haferflocken
70 g Vollkornmehl
2 EL Brennnesselsamen, getrocknet
2 EL Zucker
2 EL Kokosfett

Früchte entkernen, in mundgerechte Stücke schneiden und in eine Auflaufform geben.

Für die Streusel alle Zutaten zu einer bröseligen Masse vermengen. Diese dann über das Obst streuen, bis es bedeckt ist.

Im nicht vorgeheizten Backofen bei 200 °C ca. 15 Minuten backen, bis die Streusel sich bräunen.

VARIANTE

Für Crumble gibt es eine Vielzahl an Varianten. Zum einen können die Streusel abgewandelt werden und zum anderen kann das Obst beliebig ausgetauscht werden.
Bei den Grundrezepten sind auf Seite 241 weitere Streuselideen zu finden.

Grüne Böhmische Dalken

mit Waldbeeren

ergibt ca. 20 Dalken

50 g frische Brennnesselspitzen
3 Eier
30 g Zucker
260 g Mehl
380 ml Hafermilch
15 g Germ
30 g weiche Butter
1 Prise Salz

Waldbeeren
Staubzucker

Die Brennnesseln im siedenden Wasser 2–3 Minuten blanchieren, danach kalt abschrecken und fest ausdrücken. Ich verwende dafür eine Kartoffelpresse. Die Brennnesseln mit einem Teil der Milch fein pürieren.

Die Eier trennen. Eiweiß mit dem Zucker steif schlagen. Den Germ in der restlichen Milch auflösen und zusammen mit der grünen Brennnesselmilch, den Eigelb, dem Mehl und der Butter verrühren. Zum Schluss das Eiweiß vorsichtig unterheben.

Den zähflüssigen Teig ca. eine halbe Stunde abgedeckt gehen lassen.

Eine Pfanne mit nur wenig Öl auspinseln und auf mittlere Stufe erhitzen. 2 EL Teig in die Pfanne geben und ein paar Minuten goldbraun backen, danach wenden und von der anderen Seite goldbraun ausbacken.

Die Dalken mit Staubzucker bestäuben und mit Waldbeeren servieren.

Holunder

Rinde, Beere, Blatt und Blüte.
Jeder Teil ist Kraft und Güte.
Jeder segensvoll.

Holunderblütentorte

mit Brennnesselbiskuit

für 1 Torte (20 cm Ø)

grüner Biskuit

3 Eier
90 g Zucker
120 g Mehl
3 EL kaltes Wasser
1 TL Backpulver
ca. 50 g Brennnesselspitzen

Holunderblütencreme

250 g Topfen
250 ml Schlagobers
2 Blatt Gelatine
1 Zitrone, Abrieb
30–50 ml Holunderblütensirup zum Süßen, je nach Geschmack
5 Holunderblütendolden oder
2 EL getrocknete Blüten

ca. 300 g Erdbeeren

Am Vortag die Holunderblüten von den größeren Stielen abzupfen, im Schlagobers kurz aufkochen über Nacht im Kühlschrank ziehen lassen.

Für den grünen Biskuit die Brennnesseln blanchieren und kräftig ausdrücken (das geht am besten mit einer Kartoffelpresse). Eier und Brennnesseln mit dem Zauberstab sehr fein pürieren. Zucker zugeben und mit dem Mixer schaumig aufschlagen, so lange bis die grüne Schaummasse stehen bleibt. Das kann schon mal 5–8 Minuten dauern, aber dadurch wird der Teig besonders fluffig.

Nun Backpulver mit dem Mehl vermischen, nach und nach über die aufgeschlagene Masse sieben und mit dem Teigspatel vorsichtig unterheben. Die grüne Biskuitmasse in eine Springform gießen und bei 180 °C (Ober-/Unterhitze) ca. 15–20 Minuten backen. (Vorheizen des Backrohrs ist nicht notwendig.) Den Teig gut auskühlen lassen.

Gelatine in kaltem Wasser einweichen, währenddessen den Topfen mit Holunderblütensirup süßen, Zitronenabrieb zugeben und mit dem Schneebesen glatt rühren. Gelatine ausdrücken, in wenig Sirup erwärmen, bis sie sich aufgelöst hat, und unter den Topfen rühren.

Nun Schlagobers mit den Holunderblüten durch ein Sieb abseihen, steif schlagen und vorsichtig unter die Topfenmasse heben.

Den grünen Biskuitboden halbieren, einen Tortenring anlegen. Einen Teil der Erdbeeren halbieren, diese mit der Schnittseite an den Tortenring anlegen, die restlichen Erdbeeren auf dem Boden verteilen.

Die Holunderblütencreme über die Erdbeeren gießen und glatt streichen. Den zweiten grünen Tortenboden daraufsetzen. Den Kuchen für mindestens 3–4 Stunden in den Kühlschrank stellen, damit die Creme fest wird.

Zum Servieren den Kuchen mit wenig Staubzucker bestreuen, mit Erdbeeren und Holunderblüten dekorieren.

Holunderblütentartelettes

mit Walderdbeeren

für ca. 8 Tartelettes

Mürbteig
125 g Mehl
1 TL Backpulver
50 g Zucker
75 g kalte Butter
1 Eigelb
1 TL Vanillezucker

Füllung
4 Eier
50 ml Hollerblütensirup
10 g Zucker
200 ml Schlagobers
2 EL getrocknete oder
2 Dolden frische Hollerblüten
Abrieb einer Zitrone

frische Walderdbeeren

Am Vortag die frischen Hollerblüten abrebeln (oder 2 EL getrocknete Blüten) und mit dem Schlagobers kurz aufkochen und abkühlen lassen.

Für den Mürbteig alle Zutaten rasch verkneten und mind. 30 Minuten im Kühlschrank ruhen lassen. Tartelette- oder Muffinförmchen mit Butter einstreichen und mit Mehl ausstäuben (damit nix kleben bleibt). Mürbteig ca. 0,5 cm dick ausrollen und Kreise ausstechen. Diese in die Tarteletteförmchen legen und den Rand andrücken, nochmals für ca. 20 Minuten kühl stellen.

Tartelettes mit einem Stück Backpapier (am besten ebenfalls in Kreise geschnitten) auslegen und darauf Hülsenfrüchte zum Blindbacken einfüllen. Im vorgeheizten Backofen auf mittlerer Schiene ca. 8–12 Minuten bei 180 °C backen.

Währenddessen die Füllung zubereiten. Eier mit Zucker, Zitronenabrieb und Sirup verschlagen, Hollersahne abseihen und ebenfalls unterrühren.

Tartelettes von den Hülsenfrüchten und dem Backpapier befreien, mit Creme befüllen und weitere 20–25 Minuten auf mittlerer Schiene backen, sodass die Creme stockt.

Tartelettes aus den Förmchen lösen und abkühlen lassen. Zum Schluss mit Walderdbeeren bedecken.

Holunderblüteneis

für 1 kg Eis

500 g Schlagobers
250 g Milch
80 ml Hollerblütensirup
6 große Eigelb
50 g (Holler)Zucker
4 EL getrocknete Hollerblüten
oder
5 EL frische Blüten

Am Vortag Schlagobers und die Hollerblüten kurz aufkochen.

Abgedeckt abkühlen und dann im Kühlschrank ganz erkalten lassen.

Am nächsten Tag Eigelb, Sirup und Zucker in einer Metallschüssel mit dem Handmixer schaumig schlagen. Anschließend über einem heißen Wasserbad weiterschlagen, dabei die Milch im dünnen Strahl zufügen und mixen, bis die Masse dicklich geworden ist. Vom Herd nehmen und im kalten Wasserbad kalt rühren. Die Hollersahne abseihen, steif schlagen und unter die Creme heben. Diese Masse nun im Kühlschrank über Nacht komplett erkalten lassen.

Jetzt kann die Eismasse in die Eismaschine gegeben werden. Nach ca. 15–30 Minuten ist das Eis fertig.

Alternativ kann die Eismasse auch in einen flachen Behälter gefüllt und im Gefrierschrank gefroren werden. Hierbei dauert es mindestens 4–5 Stunden, bis das Eis fertig ist. Stündliches Umrühren verfeinert die Konsistenz.

TIPP!
Dieses Eis passt auch sehr gut zu einem warmen Crumble, z. B. im Sommer mit Marille oder (Sauer)Kirschen und im Winter mit Apfel.

Sommerland

Vollendung und Reife

Viele Menschen wünschen sich das ganze Jahr lang Sommer oder zumindest ein bisschen zusätzlichen Sommer zum Mitnehmen – Summer to go. Assoziationen mit dieser Jahreszeit sind Urlaub und Erholung, Sonne und Wärme, Spaß und Leichtigkeit. Aber ist all das nur im Sommer möglich?

Sommer: Da denke ich an laue Nächte zum Draußenschlafen, an unerträgliche Hitze und daran, mich im kühlen See vom Wasser tragen zu lassen, an rote Klatschmohnfelder und Wildblumensträuße, an Glühwürmchennächte zu Mittsommer, an Walderdbeerennaschen und Kirschkernweitspucken, an Hitzeflimmern über den Straßen und stickige Städte, an morgendliche Vogelweckkonzerte ab 4:30 Uhr und an Hoch-Zeiten für Mücken.

Um die Qualität einer Jahreszeit leichter zu verstehen, beobachte ich die Natur. Der Sommer steht ganz im Element des Feuers. Die Sonne feuert uns an, heizt uns ein und mittlerweile schon viel früher und viel intensiver als noch vor wenigen Jahrzehnten. Es kann heiß hergehen, nicht nur die Außentemperatur, sondern auch die Gemüter. Ein alter Name des Jennischen Volkes bezeichnet den Sommer als Hitzling. Ich finde diesen Namen mittlerweile sehr zutreffend.

Der Sommer ist jedoch nicht nur der Höhepunkt der Sonne und des Lichts, sondern auch der Höhepunkt des Wachstums. Pflanzen und Bäume kommen zur Blüte, ihre Früchte reifen heran und verbreiten schließlich ihre Samen. Ich verstehe diesen Prozess wie eine Art Krönung und Vollendung einer Wachstumsperiode.

Wenn wir uns in die Zeit zurückversetzen, als es noch keine Supermärkte mit vollen Regalen gab, können wir besser begreifen, wie sehr der Sommer das Leben damals erleichtert hat. Das Buffet der Natur war voll, übervoll mit einer Vielfalt essbarer Pflanzen und Früchte. Es war zudem angenehm warm und die Menschen mussten nicht mit der frostigen Kälte ringen. Das Leben und Überleben war in dieser Fülle leichter und sorgloser.

Doch der Sommer hat sich verändert. Er ist viel intensiver geworden. So ganz nach dem Motto „Darf's ein bisschen mehr sein?“, denn mit der Zeit hat sich der Mensch verändert, viel Fortschritt und Komfort sind hinzugekommen. Viel Missachtung und Ausbeutung der Natur leider auch.

Wie alles im Leben hat auch die Fülle des Sommers zwei Seiten der Medaille. Denn Fülle kann auch schnell zu Überfülle werden, im positiven wie auch im negativen Sinn. Die eine Seite ist für mich eine abenteuerliche Lust auf Mehr – wie mehr Leben, mehr Freude, mehr Zuversicht, mehr Vertrauen, mehr Leidenschaft, mehr Abenteuer, mehr Neugier. Die andere Seite kann sich auch durch ein Mehr an Hitze äußern oder durch mehr Mücken, mehr Gewitter, mehr Unwetter und mehr Waldbrände.

Für mich ist der Sommer mehr als nur eine Jahreszeit, mehr als nur Sonne, Spaß und Heiterkeit. Sommer ist ein Gefühl, das unabhängig von der Jahreszeit ist. Es ist ein Gefühl, etwas geschafft und vollendet zu haben – ein Projekt, eine Aufgabe, eine Herausforderung oder einen Lebensabschnitt. Wie in der Natur ist es auch im Leben eine Art Krönung und Vollendung einer Wachstumsperiode. Überdies ist eine Qualität der Reife im Sommer verborgen. Denn nicht nur Früchte können reifen, auch eine Person selbst kann Reife erlangen, und gleichermaßen können Ideen und Projekte reif werden. In der Reife liegt meines Erachtens die Verantwortung, mit der Fülle bewusst umzugehen, die Fülle einzuteilen, wie auch gerecht aufzuteilen. Denn das Jahres- bzw. Lebensrad dreht sich immer weiter. Reife ist daher für mich eine Voraussetzung für die Ernte.

Der Sommer ist wie ein Spiel mit dem Feuer. Es bedarf einer gewissen Reife und Erfahrung, mit dem Feuer weise umzugehen. Denn Feuer hat viele Eigenschaften. Es kann den Funken überspringen lassen, es kann erhellen und uns warm ums Herz werden lassen. Es kann aber ebenso vernichtend sein und keinen Stein auf dem anderen lassen. Das Feuer bedarf der Achtsamkeit und des Respekts. Ich habe schon viele Feuer entzündet, am liebsten auf natürliche Weise mit dem Feuerbogen. Und ich habe schon an vielen Feuern gesessen, es beobachtet und meine Gedanken fließen lassen.

Vielleicht will der Sommer fragen, welches Feuer im Vordergrund steht? Wofür brennt mein Herz? Wo springt der Funke der Begeisterung auf mich oder von mir auf andere über? Und welches meiner Feuer kann zerstörerisch sein?

Ganz Feuer und Flamme bin ich beim Thema Wildkräuter. Die wilde Natur vermag es, mein Feuer der Begeisterung zu nähren, und das nicht nur im Sommer, sondern auch im Herbst, Winter und Frühling. Eines meiner Lieblingsfeuer ist ein Lagerfeuer mit Familie und Freunden. Das bringt wohlige Wärme, eine ganz besondere Atmosphäre und obendrein nährt es hungrige Menschen, zum Beispiel wenn es Glutpizza, Wildkräutersteckerlbrot oder sogar Buchteln hervorbringt.

Am liebsten mag ich den Sommer, wenn er alt geworden ist. Wenn er immer noch angenehm warm, aber nicht mehr so hitzig und anstrengend ist. Wenn zarte Spinnfäden silbrig-glänzend durch die Lüfte und über die Wiesen tanzen, wenn Nebel am Morgen so manche Landschaft in ein Zauberland verwandeln. Wenn Ent-Spannung den Sommer und die Gemüter wieder sanfter werden lässt.

Hollerblütenmousse

mit Topfen

für ca. 4–6 Portionen

250 g Topfen
250 ml Schlagobers
100 g weiße Kuvertüre
Hollerblütensirup zum Süßen
3 Blatt Gelatine
3 Dolden frische oder
2 EL getrocknete Hollerblüten
½ Zitrone, Abrieb

500 g frische Beeren

Schlagobers am Vortag mit den frischen oder getrockneten Hollerblüten kurz aufkochen und dann über Nacht im Kühlschrank ziehen und ganz erkalten lassen.

Gelatine einweichen. Topfen mit dem Sirup nach Belieben süßen und glatt rühren (Achtung, die weiße Kuvertüre süßt zusätzlich). Die Kuvertüre im heißen Wasserbad schmelzen und mit der Topfencreme verrühren. Gelatine auflösen, zuerst mit 1–2 EL der Topfenmasse vermischen und erst dann in die restliche Creme rühren. „Hollerobers" abseihen und steif schlagen, anschließend mit einem Teigspatel vorsichtig unterheben und die fertige Masse in Förmchen füllen und für ca. 2–3 Stunden fest werden lassen.

Dazu passen Himbeeren, Erdbeeren oder auch Kirschen. Die Früchte waschen und über die Creme geben.

TIPP!
Diese Mousse kann zu jeder Jahreszeit gemacht werden. Denn Holunderblüten bewahren ihr Aroma auch in getrocknetem Zustand. Anstatt der frischen Beeren können tiefgekühlte Früchte verwendet werden. Da diese beim Auftauen dazu neigen, etwas matschig zu werden, verwende ich sie lieber in pürierter Form als Fruchtsauce.

Holler-Grießschmarrn

mit Zwetschkenröster

für 2 Personen

500 ml Milch oder Pflanzenmilch
160 g Weizengrieß
1 EL Holunderblüten
Rosinen nach Belieben
1 Prise Salz

1 EL Butter
2 EL Holunderblütenzucker

Zwetschkenröster
siehe Rezept Seite 158

Holunderblüten in ein Teesäckchen geben und in der Milch aufkochen. Anschließend für 30 Minuten ziehen lassen, damit sich das Hollerblütenaroma entfalten kann.

Das Teesäckchen aus der Milch entfernen, Grieß, Rosinen und eine Prise Salz zugeben und einen dicken, festen Grießbrei kochen. Den Brei halb abkühlen lassen.

In einer Pfanne Butter schmelzen, Grießbrei zugeben und zerzupfen. Auf mittlerer Hitze goldbraun anrösten.

Dazu passt Zwetschkenröster oder auch Hollerkoch.

VARIANTE!
Nach gleichem Rezept können auch Steinkleeblüten, Waldmeisterkraut oder Mädesüßblüten dem Grießschmarrn ein besonderes Aroma verleihen.

Knusper-Brandteigkrapferl

Schwarzwälder Art mit Holler

für ca. 10 Krapferl

Brandteig
2 Eier
160 ml Wasser
100 g Mehl, glatt
80 g Butter
Prise Salz

Knusper-Mürbteig
40 g Holunderblütenzucker
40 g Butter
50 g Mehl, glatt

Hollercreme
250 ml Milch
¾ Pck. Vanille-Puddingpulver
250 ml Schlagobers
3 EL Hollerblüten, getrocknet
1 EL Zucker
1 Zitrone, Abrieb
(evtl. 1 Sahnesteif)

Am Vortag 2 EL Holunderblüten mit dem Schlagobers aufkochen und über Nacht im Kühlschrank ganz erkalten lassen.

Die Milch mit 1 EL Zucker und 1 EL Holunderblüten aufkochen und 30 Minuten ziehen lassen. Danach abseihen und wieder zum Kochen bringen. Den Pudding nach Packungsanleitung kochen und anschließend mit Frischhaltefolie abdecken, damit sich keine Haut bildet, und ebenfalls erkalten lassen.

Für den Mürbteig alle Zutaten gut miteinander verkneten, bis ein glatter Teig entstanden ist. Den Teig 1–2 mm dünn ausrollen und 10 Kreise im Durchmesser von ca. 6 cm ausstechen. Diese dann für ca. 30 Minuten in den Tiefkühler legen.

Für den Brandteig Wasser, Salz und Butter zum Kochen bringen. Den Topf vom Herd nehmen, das Mehl auf einmal zugeben und mit einem Holzlöffel unterrühren. Den Topf wieder auf den Herd stellen und den Teig so lange rühren („abbrennen"), bis sich ein großer Teigkloß und eine weiße Schicht am Topfboden bilden.

Den Teig 5–10 Minuten abkühlen lassen und dann ein Ei nach dem anderen mit dem Handmixer unterrühren, bis ein glatter, schwer reißender Teig entstanden ist.

Backofen auf 220 °C Ober-/Unterhitze vorheizen! Backblech mit Backpapier belegen. Den Teig in einen Spritzbeutel mit Lochtülle füllen und ca. 5 cm große Kreise aufspritzen. Auf genügend Abstand achten.

Die eingefrorenen Mürbteig-Scheiben aus dem Tiefkühler nehmen und oben auf die Brandteigkrapferl legen.

Schokokirschen

300 g Kirschen, entsteint
50 g Schokolade (70 %)
1 TL Stärke

10 Kirschen zur Dekoration

Die Krapferl bei 220 °C ca. 25–30 Minuten backen. Die Ofentür darf während des Backens NICHT geöffnet werden, sonst fallen die Brandteigkrapferl zusammen. Die Krapferl nach dem Backen auskühlen lassen und aufschneiden.

Inzwischen die Kirschen mit einem kleinen Schluck Wasser zum Kochen bringen. Schokolade grob zerkleinern und zu den Kirschen geben, damit sie schmilzt. 1 TL Stärke mit 1 EL Wasser glatt rühren und zu den Kirschen geben. Die Kirschen aufköcheln lassen, bis der Kirschsaft etwas andickt. Abkühlen lassen.

Das Schlagobers abseihen und steif schlagen, ggf. Sahnesteif verwenden, damit bekommt die Creme mehr Stand. Pudding durch ein Sieb streichen und das Obers vorsichtig mit einem Teigspatel unterheben. Die Creme in einen Spritzbeutel mit Sterntülle geben.

Die Brandteigkrapferl zuerst mit 1 EL Schokokirschen füllen und obendrauf die Hollercreme spritzen. Den Brandteigdeckel darauflegen und mit einer Kirsche dekorieren.

Brandteigkrapferl immer frisch füllen, da der Teig sonst matschig und zäh wird.

TIPP!
Dieses Dessert kann zu jeder Jahreszeit kreiert werden. Für die Schokokirschen können tiefgefrorene oder eingekochte Kirschen verwendet werden.

VARIATION
Zur Hollercreme passen auch sehr gut karamellisierte Erdbeeren. Hierfür Erdbeeren vierteln oder halbieren. In einer Pfanne wenig Butter schmelzen. Die Erdbeeren zugeben und mit Puderzucker bestäuben. In der Pfanne schwenken, bis der Zucker karamellisiert und die Erdbeeren Saft ziehen.

Holunder

Im Reich der Holle

Der Holunder begleitet mich schon viele Jahre, obwohl ich ganz ohne sein wunderbares Aroma aufgewachsen bin. Er hat sich den Weg in meine Küche gebahnt und ist von dort nicht mehr wegzudenken. Er verleitet mich Sommer wie Winter zum Experimentieren und Kreieren. Wer erst einmal auf den Geschmack gekommen ist, kann sich seiner Magie kaum verwehren, denn der kulinarischen Vielfalt des Hollers sind wahrlich keine Grenzen gesetzt. Doch dazu später mehr.

Der Holler gilt als eine der ältesten und heilkräftigsten Pflanzen Europas und deshalb zog Mann/Frau in früheren Zeiten auch ehrfurchtsvoll den Hut vor ihm. Diese Pflanze wurde einst sehr verehrt und nicht nur ihrer Heilkraft wegen. Viele Bräuche zeugen von dieser Verehrung des Holunders. So wurden ihm zum Beispiel Krankheiten angehangen, das Waschwasser der Kinder und Neugeborenen unter ihm ausgeschüttet, Haare, Fingernägel und Zähne unter dem Busch eingegraben, so dass kein anderer damit Schadzauber betreiben konnte. Derer Riten und Sitten gibt es viele.

Der Strauch war Sippen- und Schutzbaum, aber auch Lebens- und Totenbaum. Nicht nur die Menschen lieben den Holler, sondern der Holler auch die Menschen, denn nicht umsonst wächst er bevorzugt in deren Nähe, wie ein stiller Begleiter. Kein Garten sollte ihn missen, um Haus und Hof vor Unheil und Krankheit zu schützen. Er gehörte zum Familienleben dazu und nahm ein besondere Position mit seiner schützenden Kraft ein.

Der Holunder galt auch als Schwellenbaum, der in die Anderswelt/Unterwelt führt, als Sitz der Ahnen und als Reich der Göttin Holla (Frau Holle). Das wird verständlicher, wenn Mann/Frau das Erscheinungsbild im Jahreslauf genauer beobachtet. Der Holler zeigt sich in zwei Gestalten, im Frühjahr als lichte Jungfrau im weißen Blütenkleid und im Herbst als die Totengöttin Percht im schwarzen Trauerkleid des Todes. Eindrücklich zeigt diese Symbolik des Holunders auch das Märchen Frau Holle, in dem Marie durch den Brunnen in die Unterwelt der Frau Holle gelangt. Erstaunlicherweise ist diese Unterwelt oder besser Anderswelt gar nicht so düster wie gedacht. Das alte Märchen der Holla gibt mitunter auch Hinweise auf sie als Gebieterin der Jahreszeiten. So landet Marie auf einer reich bestückten Frühlingswiese, holt das Brot, gebacken mit dem Mehl des Sommergetreides, aus dem Ofen und erntet im Herbst die Äpfel. Und sonderbarerweise schneit es in der Menschenwelt von oben, wenn Frau Holle ihre Betten in der Unterwelt schüttelt. Die Göttin Holla hat viele Namen und viele Aspekte. Sie ist Muttergöttin, Himmelsgöttin, Lebens- und Totengöttin, Göttin der Jahreszeiten, Fruchtbarkeitsgöttin, Schutz- und Heilgöttin. Und ebenso viele Aspekte hat auch der Hollerstrauch.

Über das Märchen und die Göttin Holla gäbe es noch viel zu philosophieren, doch das würde hier den Rahmen sprengen. Schließlich haben andere ganze Bücher darüber geschrieben.

Die Symbolik als Lebens- und Totenbaum zeigt sich auch in der Signatur des Hollers. Die weißen Blüten werden dem Mond und dem Element Wasser zugeordnet und symbolisieren den Neubeginn, das Weibliche, die Fruchtbarkeit. Die schwarzen Beeren dagegen versinnbildlichen den Tod, den nahenden Winter, das Einsetzen der dunklen Jahreszeit, Saturn als Hüter der Schwelle.

Generell wirkt der Strauch auf mich weiblich und hat etwas Großmütterliches. Der Holler ist wie eine reife Frau, die erdig und standhaft ist, die die Dinge im Griff hat, sie ist praktisch, kann gut anpacken, ist elegant und zugleich robust, mütterlich – nährend und beschützend, kann tragen und ertragen. Es ist eine gütige Frau, sie hat Tiefe, symbolisiert Sattheit und Fülle und trägt eine stille Weisheit in sich.

Wie schon erwähnt, bevorzugt der Holler die Nähe des Menschen. Er ist dabei anspruchslos und gedeiht, wo ihm beliebt – an Wegesrändern, lichten Wäldern, Bachläufen, Feldwegen, Wiesen, Schuttplätzen und gerne auch in der Nähe von Stallungen, denn er liebt ebenso wie die Brennnessel stickstoffreiche Böden. Er liebt es, halbschattig in Gesellschaft zu stehen. Als Solitärbusch fristet er sein Dasein nur, wenn er dazu ungefragt gezwungen wird.

Ausgewachsen kann der Holunder die beträchtliche Höhe von drei bis neun Metern erreichen und auch seine Lebenszeit kann bis zu stattliche 100 Jahre betragen – in der Wildnis wohlgemerkt. Seine Blätter sind meistens fünfzählig, lanzettenförmig zugespitzt, der Blattrand fein gesägt und die Anordnung ist unpaarig gefiedert.

Ende Mai kleidet sich der Holler dann in eine weiße Pracht, er erscheint im Blütenkleid und verströmt dazu sein typisch wohliges Aroma. Aus vielen kleinen Einzelblüten bilden sich die üppig wirkenden Scheindolden. Die Blüten sind zart und filigran und erinnern an Schneeflocken und Frau Holle. Dieser Eindruck verstärkt sich am Ende der Blütezeit, denn unterm Strauch scheint es, als hätte Frau Holle ihre Betten kräftig ausgeschüttelt.

Am Ende des Sommers sind die Beeren ausgereift. Satt und schwarz glänzend hängen sie herab, prall gefüllt mit Abwehrkräften für den Winter warten sie darauf, geerntet zu werden. Doch Vorsicht ist geboten, einfach zum Vernaschen sind die Beeren nicht. Sie möchten ein bisschen mehr Aufmerksamkeit und eine gebührliche Zubereitung, denn die Beeren sind roh verzehrt unverträglich. Beeren, Samen, aber auch die Blätter enthalten das Blausäureglykosid Sambunigrin. Dieses dient dem Holler als Schutz vor Fraßfeinden. Es führt zu Brechreiz, Durchfall, Magen- und Darmbeschwerden. Durch das Kochen wird das Blausäureglykosid jedoch unschädlich gemacht. Die Hollerbeeren sind auf jeden Fall vor dem Verzehr ca. 15 Minuten zu kochen.

Da ich das Kochen nun schon mal erwähnt habe, möchte ich einen Abstecher in die Genusswelt des Hollers machen. In dieser Welt sind der Kreativität keine Grenzen gesetzt und gehen weit über den Hollerblütensirup hinaus. Ich verwende den Holler, insbesondere dessen Blüten, das ganze Jahr über, Sommer wie Winter, denn sein besonderes Aroma bleibt auch in den getrockneten Blüten erhalten.

Meistens werden Torten mit Hollersirup gesüßt, um dessen Aroma zu gewinnen. Doch auch Milch und Sahne nehmen den Geschmack der Blüten besonders gut an. Damit lassen sich Mousse, Cremes, Puddings, Torten, Aufläufe, Sahnesaucen, Germgebäck ... wunderbar verfeinern.

Die Holunderbeeren sind nicht nur kleine Vitaminbomben und stärken das Immunsystem, sondern sind obendrein auch noch ein Gaumengenuss, egal ob als süßer Nachtisch oder als fruchtig-herbe Begleitung. Ein Sirup der Beeren ist meine Winterprophylaxe, um meine Abwehrkräfte zu stärken und jeglicher Grippewelle zu trotzen.

Auch in der Volksheilkunde hat der Strauch eine lange Tradition. Hippokrates bezeichnete den Holunder schon als Medizinschrank gegen allerlei Leid, da er in allen Pflanzenteilen heilkräftig ist. Und im Volksmund wird er als „Herrgotts Apotheke" bezeichnet. Er galt in früheren Zeiten als Frauenheilpflanze, ein Umstand, der fast schon vergessen ist. Seine Symbolhaftigkeit als fruchtbarkeitsbringende Pflanze bringt eine alte Redensart zum Ausdruck: „Man könne die Kinder vom Hollerbaum herunterschütteln [...]."[1] Auch Blätter und Rinde wurden verwendet, zum Beispiel für Sitzbäder, um Geschwüre zu heilen, oder man hat sich deren abführende Wirkung zunutze gemacht.

Heute wird vor allem die schweißtreibende Wirkung bei fieberhaften Erkrankungen in Form von Holunderblütentee genutzt. Die wichtigsten Heileigenschaften des Holunders sind: schweißtreibend, fiebersenkend, schleimlösend, abwehrsteigernd, harntreibend. Die Blätter und rohen Beeren sind stark abführend.

Es gäbe noch viel zum Holler zu erzählen, er trägt eine Faszination in sich, der ich mich nur schwer entziehen kann. Es ist eine große Welt, die er beherbergt – eine Welt der Göttin, der Mythen und Märchen, der Jahreszeiten, der Philosophie, der Kulinarik, der Heilkunde ...

Enden möchte ich mit den Worten von Wolf-Dieter Storl, die treffender nicht sein könnten:

„Niemals war der Holunder ein Strauch wie jeder andere."[2]

[1] Vgl. Margret Madejsky: Lexikon der Frauenkräuter. Inhaltsstoffe, Wirkungen, Signaturen und Anwendungen. AT Verlag: 2015, S. 129.

[2] Wolf-Dieter Storl: Pflanzen der Kelten. Heilkunde, Pflanzenzauber, Baumkalender. AT Verlag: 2002, S. 212.

Holundertorte

mit Blütenaroma und Beeren

für 1 Torte Ø 20 cm

Biskuit

2 Eier
60 g Zucker
60 g feines Dinkelmehl
2 EL Wasser
½ TL Backpulver
4 EL Brennnesselsamen

Creme

250 g Magertopfen
150 g Schlagobers
1 EL Staubzucker
1 EL Zitronensaft
Abrieb einer halben Zitrone
3–4 EL Hollersirup
1 EL Holunderblüten, getrocknet
½ TL Agar Agar oder
2 Blatt Gelatine

Hollerkoch

Rezept Seite 89

Am Vortag das Schlagobers mit den getrockneten Holunderblüten kurz aufkochen und über Nacht im Kühlschrank ziehen lassen. Dadurch kann sich das Hollerblütenaroma gut entfalten.

Für den Biskuit Eier, Zucker und 2 EL Wasser schaumig aufschlagen, bis der Schaum stehen bleibt (ca. 5 Minuten). Mehl mit Backpulver mischen, nach und nach über die Teigmasse sieben und mit einem Teigspatel vorsichtig unterheben. So bleibt der Teig schön fluffig.

Im nicht vorgeheizten Ofen bei 180 °C Ober-/Unterhitze ca. 15–20 Minuten backen, bis der Biskuit eine goldbraune Farbe annimmt. Anschließend abkühlen lassen.

Für die Topfencreme den Magertopfen mit Staubzucker, Zitronensaft und Abrieb glatt rühren. ½ TL Agar Agar mit dem Hollersirup vermischen und kurz aufköcheln lassen. 1 EL Creme mit dem Agar Agar verrühren und dann unter die gesamte Creme mengen.

Das Hollerschlagobers durch ein Sieb abseihen, ausdrücken und steif schlagen. Das hollrige Obers nun mit einem Teigspatel unterheben.

Den Biskuit mit einem Tortenring ummanteln und die Hollercreme daraufstreichen. Anschließend das Hollerkoch darüber verteilen. Die Torte für 2–3 Stunden kühl stellen.

Hollerkoch

mit Vanille und Nelkenwurz

für ca. 4 Gläser

500 g Beeren, abgerebelt
50–100 g Rohrzucker
Schale einer halben Zitrone
1 Vanilleschote
1 TL Nelkenwurzpulver
ca. 100 ml Wasser
1–2 TL Mais- oder Kartoffelstärke

Den Zucker im Topf bei mittlerer Hitze karamellisieren und dabei aufpassen, dass das Karamell nicht zu dunkel wird, sonst schmeckt es bitter. Nun die Holunderbeeren zugeben mit dem Wasser, dabei erstarrt das Karamell. Vanillemark auskratzen, gemeinsam mit der Schote und Nelkenwurz zugeben. Alles ca. 15–20 Minuten bei schwacher Hitze köcheln lassen, bis sich das Karamell wieder aufgelöst hat.

Zum Schluss kann das Hollerkoch noch etwas mit Mais- oder Kartoffelstärke gebunden werden. Dazu die Stärke mit 1–2 EL kaltem Wasser verrühren und anschließend in das köchelnde Hollerkoch einrühren.

Das Hollerkoch heiß in Gläser füllen, zuschrauben und auf den Kopf gestellt erkalten lassen.

Hollerkoch

mit Zwetschke und Apfel

für ca. 8 Gläser

500 g Holunderbeeren
250 g Äpfel
250 g Zwetschken
100–200 g Rohrzucker
Schale 1 Zitrone
1 Zimtstange
1 TL Nelkenwurzpulver oder
2 Nelken
ca. 200 ml Wasser
2–4 TL Mais- oder
Kartoffelstärke

Die Holunderbeeren von den Stängeln abrebeln. Zwetschken entkernen und vierteln. Äpfel entkernen und in kleinere Stücke schneiden.

Den Zucker im Topf bei mittlerer Hitze karamellisieren und dabei aufpassen, dass das Karamell nicht zu dunkel wird, sonst schmeckt es bitter. Nun die Holunderbeeren, Äpfel, Zwetschken und das Wasser zugeben, dabei erstarrt das Karamell. Gewürze zufügen und alles ca. 15–20 Minuten bei schwacher Hitze köcheln lassen, bis die Äpfel weich sind und sich das Karamell wieder aufgelöst hat.

Zum Schluss kann das Hollerkoch noch etwas mit Mais- oder Kartoffelstärke gebunden werden. Dazu die Stärke mit 1–2 EL kaltem Wasser verrühren und anschließend in das köchelnde Hollerkoch einrühren.

Das Hollerkoch heiß in Gläser füllen, zuschrauben und auf den Kopf gestellt erkalten lassen.

Holunderbeersorbet

mit Vanille

für 4 Personen

500 ml Holundersaft
Zucker oder Honig nach Belieben
1 Vanilleschote
1 Eiweiß
2 EL Zitronensaft
Zitronenschale einer ½ Zitrone

Mit einem Sparschäler die Zitronenschale abschälen und mit dem Zitronensaft zum Holundersaft geben. Die Vanilleschote längs aufschneiden, das Mark herauskratzen und zusammen mit dem Holunderbeersaft aufkochen und bei kleiner Hitze 5–10 Minuten leicht köcheln lassen. Mit Zucker oder Honig nach Belieben süßen. Den Holundersaft mit allen Zutaten für mindestens 12 Stunden in den Kühlschrank stellen.

Zubereitung in der Eismaschine:
Für das Sorbet ein Eiweiß steif schlagen. Den Holundersaft abseihen und das Eiweiß unterrühren. Diese Mischung für ca. 20–30 Minuten in den Gefrierschrank stellen, bis es am Rand leicht zu frosten beginnt. Eismaschine vorbereiten, starten und die Mischung einfüllen. Je nach Maschine dauert es ca. 20–30 Minuten.

Zubereitung ohne Eismaschine:
Den Holundersaft abseihen und in ein flachere Schale (idealerweise aus Metall) füllen. Die Sorbetmasse für mindestens 4 Stunden in den Tiefkühler stellen. Dabei alle 20–30 Minuten kräftig durchrühren, damit keine zu großen Eiskristalle entstehen. Wenn das Sorbet halb gefroren ist, das steif geschlagene Eiweiß untermengen.

Das Sorbet ca. 15 Minuten vor dem Servieren aus dem Gefrierschrank nehmen und antauen lassen.

TIPP!
Durch das Eiweiß wird das Sorbet etwas cremiger. Es kann aber auch weggelassen werden.

Holunderblüten-Germknödel

mit Hollerkoch

für 4 Stück

Germknödel

15 g frischer Germ
125 ml Milch
250 g Mehl
1 EL Hollerblüten
1 EL Hollerblüten, gemörsert
1 Ei
25 g Holunderblütenzucker
25 g Butter
1 Prise Salz

Hollerkoch

siehe Rezept Seite 89

Die Milch mit 1 EL Hollerblüten aufkochen und mindestens 30 Minuten ziehen lassen. Abseihen und die Milch handwarm abkühlen lassen.

Das Mehl mit den fein gemörserten Hollerblüten mischen und in eine große Schüssel geben. In der Mitte eine tiefe Mulde formen. Butter und Germ in der Milch auflösen und in die Mulde geben, nun mit etwas Mehl zu einem Vorteig verrühren. Den Vorteig 15 Minuten gehen lassen.

Alle weiteren Zutaten zufügen und alles zu einem geschmeidigen Teig verkneten. Diesen ca. 30 Minuten abgedeckt an einem warmen Ort rasten lassen.

Den Teig in 4 Portionen teilen und zu Kugeln formen. Mit der Schlussseite auf eine bemehlte Unterfläche legen und 20 Minuten gehen lassen.

In der Zwischenzeit einen großen Topf mit Wasser füllen und entweder darüber ein Tuch sehr straff spannen oder eine Spritzabdeckung (leicht befeuchtet) auf den Topf legen. Wasser zum Kochen bringen, Knödel auf das Tuch/den Spritzschutz setzen und abgedeckt (z. B. mit einer großen Schüssel) ca. 10–15 Minuten unter Dampf garen.

Buchteln

mit Hollerblütenaroma

für ca. 6–8 Buchteln

120 ml lauwarme Milch
2 EL getrocknete Holunderblüten
400 g glattes Dinkelmehl
100 g Hollerblütenmehl
siehe Seite 238
80 g Hollerblütenzucker
siehe Seite 238
½ Würfel Germ
3 Eier
1 Prise Salz
120 g weiche Butter

zerlassene Butter
Holler-Erdbeer-Marmelade
(Hollerblüten)Staubzucker zum Bestäuben

Milch und die getrockneten Holunderblüten kurz aufkochen und ca. 30 Minuten ziehen lassen, danach abseihen.

Mehl und Hollerzucker in eine große Schüssel geben und vermengen, in der Mitte eine Mulde formen. Germ in der Hollermilch auflösen und in die Mehlmulde gießen. Milch mit etwas Mehl verrühren und diesen Vorteig abgedeckt an einem warmen Ort gehen lassen.

Nun alle restlichen Zutaten zum Vorteig zugeben und zu einem glatten Teig kneten. Diesen dann wiederum abgedeckt an einem warmen Ort mindestens 30 Minuten gehen lassen.

Den Teig nochmals durchkneten und auf einer bemehlten Arbeitsfläche zu einer Rolle formen. Diese in Scheiben schneiden, je nach gewünschter Größe der Buchteln. Die Teigscheiben in die hohle Hand legen und eine Mulde formen, Holler-Erdbeer-Marmelade hineingeben und die Teigflecken zu einer Kugel zusammenfalten, anschließend in die zerlassene Butter tauchen und mit der glatten Seite nach oben in eine gefettete Auflaufform setzen.

Nochmals ca. 30 Minuten gehen lassen und anschließend bei 170 °C Ober-/Unterhitze 30–40 Minuten goldbraun im Ofen backen. Ein Vorheizen ist nicht notwendig.

Mit Staubzucker bestäuben.

Pasteis de Holla

mit Holunderblüten

für ca. 12 Pasteis

250 ml Milch
30 g Mehl (glattes)
30–50 ml Hollerblütensirup
4 Eigelb
Zitronenabrieb
1 EL getrocknete Holunderblüten
300 g Blätterteig

Muffinauflaufform, am besten eignet sich eine aus Metall. Silikonform geht aber auch.

Milch mit den Holunderblüten aufkochen und ca. 30 Minuten ziehen lassen, damit das Aroma sich voll entfalten kann. Derweil Zucker und Wasser aufkochen und sirupartig einköcheln.

Mehl in einen Topf geben und mit wenig Holundermilch zu einer glatten Masse verrühren. Nun langsam immer mehr Milch zugeben, so dass eine klümpchenfreie Creme entsteht. Diese auf dem Herd vorsichtig aufkochen, dadurch dickt die Masse ein. Vom Herd nehmen, zuerst den Zuckersirup und dann die Eigelb unterrühren. Zum Schluss den Zitronenabrieb zufügen.

Den Blätterteig zuerst entrollen, dünn mit Wasser bestreichen und anschließend wieder aufrollen. Nun von der Rolle ca. 3 cm dicke Scheiben abschneiden. Die Blätterteigscheiben mit wenig Butter bestreichen, in die Muffinform legen und in der Mitte erst etwas platt drücken. Dann den Teig mit dem Daumen von der Mitte ausgehend bis zum Rand streichen, die Form dabei drehen, bis sie rundherum gleichmäßig mit Blätterteig ausgekleidet ist. Holunderpudding in die Formen verteilen bis ca. 1 cm unter den Rand.

Die Pasteis werden schnell und heiß gebacken. Ein Vorheizen des Backofens ist unbedingt notwendig. Bei 250 °C (Ober/Unterhitze), mittlere Schiene ca. 10–15 Minuten backen. Der Blätterteig sollte goldbraun sein und die Creme ebenfalls gebräunt.

Herbst

Die Farben des Wandels

Gerade eben war noch Sommer, hell und warm, und plötzlich klopft die Kälte an die Tür.

Die Kraft der Sonne schwindet dahin, ihre Bögen werden immer kleiner und die Dunkelheit gewinnt täglich ein paar Minuten dazu. Das ist der Lauf der Zeit, der Natur, des Jahres. Es kann nicht immer Sommer sein, auch wenn viele Menschen das gerne so hätten. Die Natur hat sich bestens in diesen Kreislauf des Werdens und Vergehens eingerichtet. Der heutige Mensch dagegen konzentriert sich hauptsächlich auf das Werden; das Vergehen, das Sterben und der Tod werden bewusst ignoriert. Doch die Natur lehrt uns diese Lektion jedes Jahr aufs Neue, nicht nur im Herbst, aber um diese Zeit am eindrücklichsten.

Die Natur entkleidet sich ihres Sommergewandes und legt nun eine prächtige Robe in kräftigen Herbsttönen an. Insbesondere die Wälder verwandeln sich in ein flammendes Farbenspiel. Ist es eine Strategie des Herbstes, mit einem Farbeninferno noch einmal zu locken oder zu trösten, abzulenken von der zunehmenden Dunkelheit, oder will er die Wärme des Sommers einfangen, um unser Innerstes damit zu berühren und zu erwärmen, vielleicht als Vorrat für den Winter?

Wenn ich den Herbst betrachte, dann ist er nicht nur Kälte und Regen. Er ist vieles. Ich sehe eine Explosion an Farben, die Waldwege haben für ihre Besucher goldene Teppiche ausgerollt und das für jedermann. Wer will schon auf einem roten Teppich gehen, wenn er auf einem goldenen wandeln kann?

Ich sehe eine betörende Naturfülle, des Herbstes Reichtum, den er großzügig verschenkt, und die Samen des Neuen. Und die Düngemittel liefert die Natur gleich dazu, natürlich (und) rein biologisch. Bereits im Herbst wird für das Morgen vorgesorgt, wird der Frühling angelegt, aber zuerst bedarf es ein bisschen der Ruhe. Ich spüre diese Ruhe bei meinen Streifzügen über die Wiesen und durch die Wälder. Ich höre das Leiserwerden der Natur. Das fröhliche Gezwitscher der Vögel flaut ab und gibt Raum für neue Konzerte. Selbst wenn das Wolkenorchester seine herbstliche Regenouvertüre beendet hat, hallt diese im Wald noch lange nach. Die Melodie des Regens ist im Wald eine ganz andere als in der Stadt, als auf dem Feld oder der Wiese. Ich sehe das emsige Treiben des Eichhörnchens, das seinen Wintervorrat anlegt, oder den Feuersalamander (das Regenmandl im Volksmund genannt), der fast nur im Herbst aus seinen Höhlen gekrochen kommt. Ich sehe Nebelschwaden übers Land ziehen, die so manchem Ort etwas Geheimnisvolles verleihen, ihn mystisch und faszinierend machen und so manches Tal unter einem Nebelmeer verbergen, die uns die Langsamkeit lehren wollen, die die Sicht begrenzen und den Blick auf das unmittelbar Umgebende lenken. Ich sehe, wie die Wälder

Im Nebel ruhet noch die Welt,
Noch träumen Wald und Wiesen.
Bald siehst du, wenn der Schleier fällt
Den blauen Himmel unverstellt,
Herbstkräftig die gedämpfte Welt
In warmem Golde fließen.

Eduard Mörike

nicht nur bunter, sondern auch wieder lichter werden. Ich spüre die Weichheit der Wege und auch wenn ich heute erwachsen bin, liebe ich es, durch das bunte Laub zu schlurfen. Ich sehe und spüre die Stürme des Herbstes, wenn er durch die Baumwipfel weht und um Häuserecken fegt, wenn die Kälte unter die Haut geht und die Behaglichkeit und der Schutz der warmen Stube locken. Und ich sehe die Choreografie des Windes, der die bunten Blätter nicht einfach zur Erde herabplumpsen lässt, nein, er lässt sie gleiten und tanzen. Er spielt mit ihnen. Eben vom Winde verweht.

Aber natürlich spüre ich auch die Dunkelheit, doch die hat ihren Höhepunkt noch lange nicht erreicht. Bis dahin vergehen noch Wochen. Dennoch meine ich, dass im Herbst, insbesondere im November, die Dunkelheit ihre größte Wirkung zeigt. Der Herbst ist der Weg in die Nacht. Der heutige Mensch mag die Dunkelheit nicht, er versucht, sie diszipliniert aus seinem Leben zu verdrängen. Doch die Nacht und auch der Herbst lassen sich nicht disziplinieren. Es ist der Lauf der Erde, seit Jahrmillionen. Die Natur macht es uns vor und schaltet einen Gang runter, sie kommt zur Ruhe, besinnt sich auf das Wesentliche, kehrt ein und er-inner-t sich. Sie hat schon immer ihr ganz eigenes Tempo und lässt sich auch nicht vom Menschen aus der Ruhe bringen. Der Herbst lädt ein, es ihr gleichzutun. Herbst ist Übergang und Wandel. Und so wie der Wandel in der Natur geschieht, zeigt er sich auch im Leben. Da mögen sich viele auch noch so sehr dagegen wehren, der Wandel kommt, egal ob es einem passt oder nicht, ob wir uns dessen bewusst sind oder nicht. Der Herbst im Leben findet mehr als nur einmal statt – immer, wenn etwas Altes geht.

Es gibt eine Stille des Herbstes bis in die Farben hinein.

(Hugo von Hofmannsthal)

Apfeltorte

mit Hollerblütenaroma

für eine Springform Ø 24 cm

Mürbteig

1 Ei
150 g Butter
80 g Vollrohrzucker
100 g Haselnüsse, gemahlen
150 g feines Dinkelmehl
½ Pck. Backpulver
1 Prise Salz

Fülle

0,75 l Apfelsaft
4 große Äpfel
2 Pck. Puddingpulver
ggf. Zucker nach Belieben
1 EL Holunderblüten, getrocknet

1 Schlagobers
1 EL Holunderblüten, getrocknet
1 TL Backkakao

Am Vortag das Schlagobers mit 1 EL Holunderblüten kurz aufkochen und über Nacht im Kühlschrank erkalten lassen.

Den Apfelsaft mit den Holunderblüten aufkochen und mindestens ½ Stunde ziehen lassen.

Für den Mürbteig die Butter in kleinere Stücke zerteilen und mit den restlichen Zutaten zu einem glatten Teig verkneten. Anschließend in Folie wickeln und für ca. 30 Minuten im Kühlschrank rasten lassen.

Die Springform mit Butter einfetten und mit Mehl ausstäuben. Den Mürbteig auf einer bemehlten Arbeitsfläche ca. 0,5 cm dick ausrollen. Die Form damit auslegen und am Rand leicht festdrücken, ggf. überschüssigen Teig abschneiden.

Äpfel vierteln und vom Gehäuse befreien, dann in dünne Scheiben schneiden. Den Apfelsaft abseihen und zum Kochen bringen. Das Puddingpulver mit ein wenig kaltem Apfelsaft glatt rühren und in den kochenden Apfelsaft einrühren, bis die Masse eindickt und wieder klar wird. Vom Herd nehmen und die geschnittenen Äpfel unterheben. Diese Apfelmasse auf den Mürbteig geben. Im nicht vorgeheizten Ofen bei 175 °C (Ober-/Unterhitze) 50–60 Minuten auf mittlerer Schiene backen.

Den Kuchen auskühlen lassen. Das Schlagobers abseihen, aufschlagen und auf dem Kuchen verteilen. Mit Kakao bestäuben.

Steak

mit Holunderbeersauce

für 4 Personen

4 Rinderfiletsteaks
Öl zum Anbraten

750 g Kartoffeln
1 EL Olivenöl
1 Zweig frischer Rosmarin
Salz, Pfeffer

Holunderbeersauce
250 ml Holunderbeersaft
250 ml Gemüsebrühe
30 ml Balsamicoessig
150 ml Rotwein
1 EL Honig
1 kleine Zwiebel
1 Lorbeerblatt
2 Wacholderbeeren
Chiliflocken nach Belieben
Salz, Pfeffer
ggf. etwas Mais oder
Kartoffelstärke zum Binden

Für die Holunderbeersauce die Zwiebel in feine Würfel schneiden und in einem Topf mit etwas Öl dünsten. 1 EL Honig zufügen und leicht karamellisieren lassen. Nun alle weiteren Zutaten zugeben, aufkochen und dann bei kleiner Hitze sanft weiterköcheln, bis die Sauce mindestens um die Hälfte einreduziert ist. Entweder weiter einreduzieren, bis die gewünschte Konsistenz erreicht ist, oder mit etwas Stärke binden.

Währenddessen die Kartoffeln schälen und in Würfel schneiden. Die Rosmarinnadeln vom Stängel streifen und etwas kleiner schneiden. Die Kartoffelwürfel mit dem Öl, dem Rosmarin marinieren, salzen und pfeffern. Bei 200 °C Ober-/Unterhitze ca. 15–20 Minuten im Ofen goldbraun backen.

Eine Pfanne mit etwas Öl erhitzen. Nun die Steaks von beiden Seiten scharf anbraten, ca. 2–3 Minuten von jeder Seite. Die Steaks in eine feuerfeste Form legen und bei 120 °C im Ofen weitergaren. Je nach Größe der Steaks und dem gewünschten Garpunkt variiert die Zeit im Ofen. Für rosa gebratene Steaks sind es ca. 10–15 Minuten.

Steaks, Rosmarinkartoffeln und Sauce zusammen anrichten.

Apfel-Streuselkuchen

mit Holunderstreusel

für 1 Blech

Germteig
20 g frischer Germ
150 g Vollkorndinkelmehl
200 g glattes Dinkelmehl
250 ml lauwarme Milch
70 g Zucker
100 g weiche Butter
Prise Salz

Streusel
100 g Holunderblütenzucker
100 g Dinkelvollkornmehl
100 g glattes Dinkelmehl
130 g Butter

5–6 Äpfel je nach Größe

Für den Germteig Zucker und Mehle in einer großen Schüssel vermischen, in der Mitte eine Mulde formen. Den Germ in der warmen Milch auflösen und in die Mulde gießen. Nun mit einem Löffel etwas Mehl mit der Milch vermengen, sodass ein kleiner Vorteig entsteht, diesen 15–20 Minuten gehen lassen. Anschließend alle weiteren Zutaten zufügen und alles zu einem glatten und geschmeidigen Teig verkneten. Den Germteig abgedeckt an einem warmen Ort 40–60 Minuten gehen lassen.

Für die Streusel alle Zutaten zu einer krümeligen Masse vermengen und kalt stellen.

Die Äpfel vom Gehäuse befreien und in gleichmäßige Spalten schneiden.

Den Germteig auf einer bemehlten Arbeitsfläche gleichmäßig ausrollen und anschließend auf ein mit Backpapier ausgelegtes Backblech geben. Den Teig am Rand mit den Fingern leicht festdrücken, so dass ein niedriger Rand entsteht. Nun den Teig mit der Gabel mehrfach einstechen. Die Apfelspalten darauf verteilen und mit den Hollerstreuseln gleichmäßig bestreuen.

Den Kuchen im nicht vorgeheizten Backofen bei 180 °C bei Ober-/Unterhitze 30–40 Minuten backen, bis die Teigränder und die Streusel sich zu bräunen beginnen.

Steirisches Tiramisu

mit Holunderblüte und Apfel

für 4 Portionen

Creme

125 g Mascarpone
125 ml Schlagobers
Hollersirup zum Süßen
2 EL Holunderblüten, getrocknet

Apfelfülle

2 Äpfel (säuerliche Sorte)
2 EL Zucker
2 cl Rum
50 ml Apfelsaft
1 EL Butter

Karamellcrisp

30 g Zucker
1 TL Butter
1 Prise Salz

Außerdem

1 Tasse Espresso
1 EL Backkakao
Löffelbiskuits

Am Vortag die Holunderblüten mit dem Schlagobers kurz aufkochen und über Nacht im Kühlschrank erkalten lassen. Am nächsten Tag die Holundersahne durch ein Sieb abseihen, dabei die Blüten gut ausdrücken. Anschließend das Schlagobers steif schlagen.

Mascarpone mit Hollersirup nach eigenem Belieben süßen. Nun das Schlagobers vorsichtig mit einem Teigspatel unterheben. Die Mascarponecreme im Kühlschrank etwas fester werden lassen.

Inzwischen für das Karamell den Zucker in einer Pfanne bei mittlerer Hitze schmelzen und hellbraun werden lassen. Die Prise Salz zugeben und die Butter unterrühren. Das Ganze auf Backpapier gießen und auskühlen lassen. Später mit dem Nudelholz in Brösel klopfen.

Für die Apfelfülle die Äpfel vom Gehäuse befreien und klein schneiden. In einer Pfanne die Butter schmelzen und die Äpfel leicht anbraten. Nun den Zucker über die Äpfel streuen und karamellisieren lassen. Mit Rum und Apfelsaft ablöschen und weiterköcheln, bis die Flüssigkeit eine sirupartige Konsistenz erreicht hat. Das Apfelkompott erkalten lassen.

Die Löffelbiskuits mit etwas Espresso tränken und ins Glas als unterste Schicht geben. Äpfel daraufschichten, mit Creme bedecken und Karamellbrösel darüberstreuen. Alle 3 Schichten noch einmal wiederholen. Zum Schluss mit einem feinen Sieb Kakao auf die Creme stäuben.

Schoko-Palatschinken

mit Hollercreme und Orange

für ca. 4 Portionen

Hollercreme

ca. 50 ml Hollerblütensirup
200 g Mascarpone oder Topfen
2 TL Holunderblüten, getrocknet
200 ml Schlagsahne
Zitronenabrieb

Palatschinkenteig

2 Eier
ca. 150 ml Milch
ca. 80 g Mehl
60 g Schokolade 70 %
Prise Salz

Orangensauce

250 ml Orangensaft
2 Orangen
50 g Zucker
(1 EL Rum oder Grand Marnier)
1 Prise Chili aus der Mühle (Alternative: Sternanis, ½ Zimtstange, 1 Kardamomkapsel)

Die Schlagsahne mit Hollerblüten aufkochen und über Nacht in den Kühlschrank stellen. Am nächsten Tag abseihen und aufschlagen.

Mascarpone mit Hollersirup verrühren, Zitronenabrieb zufügen und die Hollersahne unterheben.

Für die Orangensauce den Zucker in einer Pfanne karamellisieren und mit dem Orangensaft und bei Belieben mit Rum ablöschen. Gewürze hinzufügen und ca. um die Hälfte einreduzieren, bis eine sirupartige Konsistenz entsteht. Orangen filetieren und zur Sauce hinzufügen.

Palatschinken: Schokolade im Wasserbad schmelzen. Eier, Milch, Mehl und Prise Salz zu einem glatten Teig verquirlen, Schokolade zum Schluss untermengen.

In einer Pfanne und mit wenig Butter die Schoko-Palatschinken backen.

Die Palatschinken mit Creme bestreichen, zu Vierteln falten und mit Orangensauce anrichten.

Holunderblütenkipferl

nicht nur zu Weihnachten

für ca. 40 Stück

140 g kalte Butter
70 g geriebene Haselnüsse
70 g Holunderblütenzucker
150 g Dinkelmehl, glatt
50 g Holunderblütenmehl
siehe Anleitung Seite 238

Zum Bestäuben
3 EL Hollerblüten-Staubzucker

Alle Zutaten zu einem glatten Mürbteig zügig vermengen. Der Teig sollte keinesfalls zu warm werden. Für mindestens 30 Minuten in den Kühlschrank legen.

Den Ofen auf 180 °C Ober-/Unterhitze vorheizen.

Immer nur so viel Teig aus dem Kühlschrank nehmen, wie man für ein Blech Kipferl benötigt. Ein zu warmer Teig könnte dazu führen, dass die Kipferl auseinanderlaufen und/oder brüchig werden.

Kleine Kipferl formen und auf ein mit Backpapier ausgelegtes Backblech legen. Bei 180 °C ca. 7–10 Minuten backen. Die Kipferl sollen recht hell bleiben und sind direkt nach dem Backen noch recht weich.

Noch heiß mit dem Holunderblüten-Staubzucker bestäuben und auskühlen lassen. Am besten in einer Keksdose lagern.

Hollriger Birnenpunsch

alkoholfrei

für 4 Personen

1 l Birnensaft
2 Orangen
1 Sternanis
1 Zimtstange
½ Vanilleschote
ca. 6 Kardamomkapseln, leicht angemörsert
2 EL Holunderblüten, getrocknet

3 Birnen

Die Vanilleschote der Länge nach aufschneiden, das Mark mit dem Messer herauskratzen. Den Birnensaft zusammen mit den Holunderblüten und den Gewürzen aufkochen und für mindestens 30 Minuten (besser länger) ziehen lassen. Anschließend durch ein Sieb abseihen.

Den Saft einer Orange auspressen, die andere in Scheiben schneiden und zum Birnenpunsch zugeben. Alles noch einmal heiß aufkochen.

Birnen in kleine Würfel schneiden und in die Gläser oder Tassen füllen. Mit Punsch auffüllen.

Wilde Freunde

Bärlauch-Ricotta-Gnocchi

mit grünem Spargel

für 4 Personen

500 g Ricotta
100–150 g Mehl
60 g Parmesan, gerieben
¾ TL Salz
1 Ei
Pfeffer, Muskatnuss
Bärlauch
1 Bund Spargel (grün oder weiß, je nach Belieben)

Ricotta abtropfen lassen und evtl. sogar etwas auspressen. Bärlauch sehr klein schneiden oder mit dem Mehl im Zerkleinerer ganz fein mixen, die Mischung färbt sich dadurch grün. Nun alle Zutaten vermengen, sodass ein etwas klebriger, feuchter Teig entsteht.

Auf einer gut bemehlten Unterlage den Teig zu fingerdicken Rollen formen und in kleine Gnocchi schneiden. Anschließend im Salzwasser knapp unterm Siedepunkt garen, bis die Gnocchi an der Oberfläche schwimmen, mit dem Schaumlöffel herausnehmen und kurz abtropfen lassen.

Spargel in mundgerechte Stücke schneiden und in Salzwasser bissfest kochen.

Zusammen mit den Bärlauchgnocchis in der Pfanne in etwas Butter anbraten. Mit Salz und Pfeffer würzen. Anrichten. Mit Parmesanhobeln bestreuen.

Bärlauch-Risotto

mit Walnüssen

für 4 Personen

1 mittelgroße Zwiebel
250–300 g Risottoreis
2 Handvoll frischer Bärlauch
Öl zum Anbraten
Gemüsebrühe oder ersatzweise heißes Wasser
Salz, Pfeffer
Abrieb 1 Zitrone
Parmesan
2 EL Butter
2 EL Crème fraîche
¼ l Weißwein (optional)
1 EL Öl zum Dünsten

Die Zwiebel wird in feine Würfel geschnitten und in einem Topf mit wenig Öl glasig angedünstet. Den Reis kurz mit andünsten und dann mit dem Weißwein ablöschen. Wer auf Wein verzichten möchte, löscht mit Gemüsebrühe oder Wasser ab.

Nun wird nach und nach die Flüssigkeit zugegeben und eingeköchelt. Dabei immer wieder umrühren, der Reis soll sich nicht am Topfboden ansetzen.

Inzwischen den Parmesan fein reiben und den Bärlauch klein schneiden.

Wenn der Reis gegart ist und noch ein klein wenig Biss hat, den Topf vom Herd nehmen. Geriebenen Parmesan, Butter, Zitronenabrieb, Crème fraîche und Bärlauch unterrühren. Nach Bedarf nachwürzen.

Breitwegerich

Der König der Wege

„Der Weg wächst im Gehen unter deinen Füßen – wie durch ein Wunder."

Diese Worte von Reinhold Schneider treffen nicht nur auf den eigenen Lebensweg zu, sondern auch auf den Wegerich. Er wird gern als Herr oder König der Wege bezeichnet. Wege-rich: *-rich* kommt aus dem Mittelhochdeutschen und bedeutet Herrscher, König(reich) bzw. reich im Sinne von mächtig, herrschaftlich.

Vor allem der Breitwegerich nimmt diesen Titel sehr ernst. Er begegnet mir auf Schritt und Tritt. Kein Wunder, so beliebt es ihm doch, sich auf Wegen auszubreiten. Er ist im wahrsten Sinne des Wortes trittfest oder „zäh wie Leder", denn seine derben Blätter halten so manches aus – unzählige Füße, die auf ihn treten, Reifen von Fahrrädern, Autos und Traktoren, Pfoten und Hufe. Wer möchte das schon über sich ergehen lassen? Der Breitwegerich dagegen möchte getreten werden, er erträgt es, ohne daran kaputtzugehen. So viel Widerstandskraft ist beneidenswert. Zudem hat er das Mit-Füßen-getreten-zu-Werden zu seiner eigenen (Überlebens)Strategie gemacht. Er dreht den Spieß einfach um und heftet sich an die Fersen des Tretenden.

Ursprünglich stammt der Wegerich aus Europa. Doch mittlerweile wächst er auf der ganzen Welt. Der Breitwegerich liebt es zu reisen und begibt sich bevorzugt als blinder Passagier auf Wanderschaft. Er wird sogar zum Globetrotter und bereist die ganze Welt. Selbst Ozeane stellen für ihn kein Hindernis dar. Als stiller Begleiter überwindet er mühelos alle Grenzen und versteht es, sich zwischen den Welten zu bewegen.

Die Indianer in Nordamerika nannten ihn auch den „Fußabdruck des weißen Mannes", weil er durch die Siedler übers Land verbreitet wurde. Auch sein wissenschaftlicher Name Plantago major gibt einen Hinweis auf seine wirkungsvolle und kluge Verbreitungsstrategie. Plantago wird vom Lateinischen Planta = Fußsohle abgeleitet.

Dieses Verhalten bzw. seine EigenArt erklärt, weshalb der Wegerich in der Signaturenlehre dem Merkurprinzip zugeordnet wird. Merkur ist nicht nur der kleinste Planet in unserem Sonnensystem, sondern wurde auch als Gott Mercurios verehrt. Merkur, der Götterbote – er steht für Bewegung,

„Der Weg wächst im Gehen unter deinen Füßen –
wie durch ein Wunder."
(Reinhold Schneider)

Veränderung, Ungebundenheit, aber auch für Kommunikation und Lernfähigkeit. Er ist der Gott und Beschützer der Händler und Reisenden sowie der Apotheker und Ärzte.

Doch trotz all dieser merkurischen Wanderlust und Ungebundenheit wirkt der Breitwegerich auf mich sehr erdverbunden und bodenständig. Er schmiegt seine ledrig derben Blätter in Form einer Rosette fest an die Erde. Der Breitwegerich wächst dort, wo die Erde sehr dicht und festgetrampelt ist – da, wo der Mensch seine Wege geht. Mit seiner enormen Widerstandsfähigkeit können seine Brüder, der Spitzwegerich und der Schöne (Mittlere) Wegerich, nicht mithalten.

Um den enormen Druck von Füßen, Hufen und Rädern auszuhalten, hat er (Blatt)„Nerven wie aus Stahl". Die Form seiner Blätter ist eiförmig zugespitzt. Der Blütenstand ist aufrecht und unscheinbar. Die Blüten wachsen an einer langen Ähre (5–10 cm), ähnlich wie bei Getreide. Ab ca. Juni sprießen die langen grünen und noch geschlossenen Blütenähren aus der Mitte der Blattrosette. Ihr Ährenstiel ist ebenso eher fest. Aber gerade in diesem Entwicklungsstadium sind seine Blütenähren eine ganz besondere Delikatesse. Kurz angedünstet und in Butter geschwenkt, erinnert sein Aroma an eine Mischung aus Pilz und Spargel. Zugegebenermaßen halten sich die Erträge in Grenzen, aber der Gaumen wird dafür mit einem Geschmacksabenteuer belohnt.

Die vielen kleinen Blüten öffnen sich der Ähre entlang von unten nach oben. Auffällig sind dabei die langen Staubblätter, die männlichen Anteile der Blüte. Die weibliche Narbe ist kürzer und unauffälliger.

Merkurs Element ist die Luft und dieses macht sich der Wegerich für seine Bestäubung zunutze. Nach der Befruchtung durch den Wind verwandeln sich die Blüten in Fruchtkapseln. Jede Frucht enthält 6–30 Samen. Diese sind bei geringer Feuchtigkeit klebrig, bleiben an Fußsohlen, Tierpfoten und Fahrzeugen haften und begeben sich auf diese Weise auf die Suche nach fruchtbarem Boden. Auch in dieser Wachstumsphase ist der Breitwegerich ein Genuss. Dazu werden die dicken, noch grünlichen Samen von der Ähre abgestreift, mit Butter in der Pfanne leicht angebraten und etwas gesalzen. Auf ein Butterbrot oder als Krönung über einen Aufstrich streuen und einfach genießen.

Der König der Wege inspiriert mich auch, philosophisch zu werden und über den Weg selbst nachzudenken.

Was ist ein Weg? Ein Strecke von A nach B? Eine Verbindung vom Start zum Ziel? Muss ein Weg immer sichtbar, vorgefertigt, gepflastert oder ausgebaut sein? In der deutschen Sprache gibt es viele Wege, manche davon sind sogar ausgeschildert wie Wanderwege, Pilgerwege, Fluchtwege, Verkehrswege, Privatwege oder Fußgängerüberwege.

Dann gibt es auch solche Wege, die sich meist erst auf halber Strecke als Umweg, Irrweg oder Holzweg erweisen. Diese Wege sind einerseits ganz real (manchmal sogar vom Navi angesagt), andererseits sind sie – metaphorisch gesehen – Lebensabschnitte, die den eigenen Lebensweg nachhaltig prägen. Das zeigt, dass ein Weg, egal ob innerlich oder äußerlich, auch immer etwas mit Orientierung zu tun hat. Allzu oft ist es ein Weg ins Unbekannte. Auch hierbei verdient der Wegerich zu Recht den Titel des Königs der Wege. Seine Abenteuerlust kennt keine Grenzen und so schickt er seine Samen auf Wanderschaft mit unbekannter Reiseroute und Reisebegleitung. Auch Wünsche, Projekte und Ideen können Samen sein, die auf die Reise geschickt werden, um auf fruchtbaren Boden zu fallen.

Der Weg als Symbol und Metapher ist für mich auf jeden Fall mit BeWEGung verbunden. Egal, ob äußerlich oder innerlich. BeWEGung ist ein Fortschreiten, ein Vorankommen, ein Weitergehen, manchmal auch ein Abkommen vom Weg. Im Gegensatz zu Rotkäppchen kommt der Breitwegerich ganz sicher nicht vom Wege ab, denn dort kann er seiner (Überlebens)Strategie nicht nachkommen.

Die äußere BeWEGung hat den Vorteil, dass sie viel klarer zu erkennen ist. Ich erinnere mich gut, als ich vor Jahren den Jakobsweg ging. Manchmal schien es, als würde ich auf der Stelle gehen. Doch ein Blick zurück half zu erkennen, wie weit ich schon gekommen war. Dagegen sind die inneren BeWEGungen schwieriger auszumachen. Emotionen – GemütsbeWEGungen. Das deutsche Wort ist dem gleichbedeutenden französischen émotion entlehnt, das zu émouvoir (dt. bewegen, erregen) gehört. Dieses Wort entstammt dem lateinischen emovere (dt. herausbewegen, emporwühlen).* Wie bewegend Emotionen sein können, haben sicher schon die meisten spüren dürfen.

Für ein gutes Vorankommen auf äußeren Wegen habe ich noch einen Tipp. Der Breitwegerich ist das beste Blasenpflaster, das ich kenne. Wenn der Schuh drückt, ein passendes Blatt des Breitwegerichs direkt auf die entsprechende Hautstelle auflegen, Socken darüberziehen (ggf. zusätzlich mit einem Pflasterstreifen fixieren) und schon kann es weitergehen. Der Breitwegerich bringt Kühlung und lindert Schmerzen. Wenn er rechtzeitig zum Einsatz kommt, kann er eine Blasenbildung verhindern. Dieser grüne Sanitäter muss zum Glück nicht lange gesucht werden, sondern wartet am Weg auf dich.

Von Abenteuern, Wegen und Lebenswegen könnte der Breitwegerich noch viel erzählen und regt noch mehr an, darüber nachzusinnen. Doch das würde den Rahmen dieses Beitrags sprengen. Der Weg als Symbol und Metapher ist ein eigenes und umfangreiches Thema.

*www.duden.de

Erbsen-Minz-Hummus

mit Breitwegerichknospen

für 4 Personen

300 g Tiefkühl-Erbsen
1 Zitrone, Abrieb und Saft
Salz und Pfeffer
ca. 10 g frische Minze
1 Handvoll Vogelmiere

Ziegenkäse
etwas Honig
1 Handvoll Breitwegerich-knospen
Vogelmiere zum Garnieren

1 Baguette
dafür eignet sich auch das Grundrezept von Seite 223

Wasser zum Kochen bringen. Im kochenden Wasser die tiefgekühlten Erbsen ca. 5 Minuten köcheln und danach mit kaltem Wasser abschrecken. Minzblätter, etwas Saft und Abrieb einer halben Zitrone zugeben und alles zusammen mit dem Zauberstab pürieren. Mit Salz und Pfeffer, ggf. noch Zitronensaft abschmecken.

Baguette aufschneiden und toasten. Dick mit Erbsenhummus bestreichen, Vogelmiere darüber verteilen und einen Klecks Ziegenkäse zugeben. Diesen mit einer Spur Honig versehen. Wenn möglich mit einem Bunsenbrenner den Honig gratinieren. Mit essbaren Blüten verzieren.

TIPP 1
Die Breitwegerichknospen nur ganz grün und geschlossen ernten. Sobald die Blütenähren von unten nach oben zu blühen beginnen, werden sie sehr zäh.

TIPP 2
Später können auch die Breitwegerichsamen verwendet werden, einfach von den Ähren abstreifen, mit etwas Butter anbraten, leicht salzen und aufs Brot streuen.

Kräuterspätzle-Gröstl

mit Dost und Wirbeldost

für 2–3 Personen

Spätzleteig

200 g Mehl, glatt
2 Eier
80–100 ml (Mineral)Wasser
1 Prise Salz
1 Handvoll Dost/Wirbeldost

Gröstl

250 g Pilze
1 kleine Zucchini
1 kleine Lauchstange oder
1 Bund Frühlingszwiebeln
2 Karotten
Salz und Pfeffer

½ Handvoll Dost/Wirbeldost

Das Gemüse putzen und schneiden.

Für den Teig den Dost fein hacken. Alle Zutaten vermengen und mit dem Kochlöffel so lange schlagen, bis die Teigmasse beginnt, Blasen zu werfen.

Der Spätzleteig sollte eine glatte, sehr zähflüssige Konsistenz haben.

Einen großen Topf Wasser zum Kochen bringen und salzen. Ein Holzbrett mit Wasser befeuchten und ca. 2 EL Teig daraufgeben. Mit einem großen Messer nun die Spätzle vom Brett in das kochende Wasser schaben. Sobald die Spätzle aufsteigen, sind sie fertig. Mit der Schaumkelle abschöpfen und kurz beiseitestellen.

Das Gemüse in einer Pfanne anbraten, salzen und pfeffern. Anschließend die Spätzle zugeben und ebenfalls leicht anbraten. Die zweite Portion Dost sehr fein schneiden und mit dem Gröstl vermengen.

Gundelrebenvariation

mit gebratenem Saibling

für 2 Personen

Gundelrebenparpadelle

1 Handvoll Gundelrebenblätter
Grundrezept Kräuternudeln
siehe Seite 232

Gundelrebensauce

1 Schalotte /kleine Zwiebel
50 ml Weißwein
100 ml Schlagobers
50 ml Schlagobers, steif geschlagen
20 g kalte Butter
1 Handvoll Gundelrebenblätter
Abrieb einer ¼ Zitrone
Salz, Pfeffer

Außerdem

2 Saiblingsfilets
250 g Champignons
Öl oder Butter zum Anbraten

Parpadelle nach Beschreibung auf Seite 232 zubereiten.

Für die Gundelrebensauce die Schalotte in feine Würfel schneiden und in wenig Öl glasig andünsten. Mit Weißwein ablöschen, 100 ml Schlagobers sowie die Gundelrebenblätter zugeben. Mit Salz und Pfeffer würzen. Alles bei kleiner Hitze leise köcheln lassen, bis die Sauce um ca. die Hälfte einreduziert ist. Die Sauce vom Herd nehmen, Zitronenabrieb zufügen und die Sauce mit dem Zauberstab fein pürieren. Für die Sämigkeit der Sauce werden zum Schluss die kalte Butter und 2–3 EL des steif geschlagenen Schlagobers eingerührt.

Gundelrebenparpadelle in reichlich Salzwasser garen, abgießen und anschließend in der Sauce schwenken.

Champignons in dickere Scheiben schneiden oder vierteln und in einer Pfanne anbraten. Die Pilze mit den Nudeln vermischen.

In einer Pfanne die Forellenfilets von beiden Seiten 2–3 Minuten anbraten und auf den Nudeln anrichten.

Gänseblümchen

kleine Riesin

Frech reckt es sein Köpfchen in die Höh' grad so, als wolle es den Grashalmen beweisen, wer hier größer ist. Es liegt ein Zauber in der Wiese. Ein Zauber, der wahre Größe und Schönheit erkennen lässt, der die Tür zum Herzen öffnet und der die Sonne in uns zum Scheinen bringt. Wahre Größe kommt von innen, auch wenn es manchmal äußerlich genau das Gegenteil ist. Die kleine Riesin drängt sich nicht auf, sie offenbart ihre Größe leise und bescheiden. Sie will gar nicht größer sein, denn sie kennt ihren Wert. Die eigene Wahrheit zu leben zeugt von großem Mut und Vertrauen in das Leben. Die kleine Riesin lebt im Einklang mit sich selbst. Sie lehrt, die eigene innere Schönheit und Größe zu entwickeln, und lässt das Selbst erblühen. – Manchmal ist das Kleinste eben doch das Allergrößte!

Gäbe es eine Weltmeisterschaft im Dauerblühen, so stände gewiss das Gänseblümchen auf dem Siegertreppchen. Es blüht fast das ganze Jahr über bis weit in den November hinein und startet ab März, in sehr milden Wintern auch schon mal im Januar. Es strotzt nur so vor Ausdauer, diese wurde auch in ihrem lateinischen Namen bedacht. Bellis abgeleitet von „bellus" für schön und „perennis" bedeutet ausdauernd.

Die Blätter sind spatelförmig und bilden eine dichte Blattrosette, die von Bodenständigkeit zeugt. Die starke Verwurzelung weist auf eine gute Bodenhaftung hin. Aus ihrer Mitte entspringt ein blattloser runder Stiel mit einem Blütenköpfchen. Das Gänseblümchen gehört zu den Korbblütlern. Daher ist die gelbe Blütenscheibe oder der Blütenhügel eigentlich ein Blütenmeer aus winzig kleinen goldgelben Röhrenblüten, die ganz geöffnet einen Fünfstern darstellen. Außen herum bilden weiße Zungenblüten den Blütenrand, der dem Gänseblümchen seinen sonnigen Charakter verleiht. Anfangs sind diese noch magentarot gefärbt und wechseln mit der Reife ins Reinweiß über.

Im Volksmund trägt es auch den leider vergessenen Namen Sonnentürchen, denn es besitzt die Kraft, Herz und Gemüt zu erwärmen. Außerdem ist es eine wahre Sonnenanbeterin, stets wendet es sein Köpfchen der Sonne entgegen, und scheint diese einmal nicht, bleibt es geschlossen.

Nochmal zur Ausdauer, der sich freche Hartnäckigkeit hinzugesellt. Da das Gänseblümchen bevorzugt auf Rasen wächst, also in Hausgärten und Parkanlagen, ist es extremen Strapazen ausgesetzt. Es wird ständig getreten und alle ein bis zwei Wochen vollstreckt der Rasenmäher sein Urteil: Köpfen. Doch dem Gänseblümchen scheint das alles nichts anhaben zu können. Mutig und unermüdlich streckt es neue Blütenköpfchen in die Höh'. Zwar kopflos, aber nicht auf den Kopf gefallen, bietet es kämpferisch dem Rasenmäher die Stirn. Es entwickelt eine Taktik und passt einfach seine Wuchshöhe an. Das heißt, je kürzer der Rasen gemäht wird, umso kürzer werden die Blütenstiele beim nächsten Austrieb. Es will blühen. Frech kommt eben weiter.

In der Wildkräuterküche ist es ebenso gern gesehen. Der Geschmack ist mild bis leicht nussig. Zugegeben, die kleinen Blätter zu pflücken ist ein wenig mühsam. Dennoch ist das Gänseblümchen reich an Kalium und Phosphor. Am Wildkräuterniveau gemessen, hat es zwar vergleichsweise wenig Vitamin C, doch immerhin das Achtfache eines Kopfsalates. Und hübscher ist es auch. Es bereichert ein Wildkräutermenü um Nährstoffe und Attraktivität.

Herbstsalat

mit Indischem Springkraut

für 2 Personen

Vogelmiere, Löwenzahn, Labkraut, Sauerampfer, Blüten vom Indischen Springkraut
Eierschwammerl
2 Parasole
1 Zucchini
Weintrauben (hier Isabellatraube)

Kernöl-Vinaigrette

2 Teile Kernöl
1 Teil Essig
1 TL Senf
1 EL Honig
Salz

Wildkräuter waschen und ggf. in mundgerechte Stücke zerteilen. Für das Dressing alle Zutaten in ein Schraubglas geben und kräftig schütteln, bis eine cremige Emulsion entstanden ist. Abschmecken und ggf. nachwürzen. Salat mit der Kernöl-Vinaigrette marinieren.

Zucchini in Scheiben schneiden und in einer Pfanne mit wenig Öl oder Butter goldbraun anbraten. Pilze ebenso anbraten und auf dem Salat verteilen. Weintrauben waschen und zusammen mit den Springkrautblüten den Salat garnieren.

WISSENSwert

Das Indische Springkraut zählt zu den unbeliebten Neophyten, da es sich schnell ausbreitet und heimische Pflanzen verdrängt. Eine Vernichtung sollte allerdings wohl überlegt sein, da diese Pflanze einen wichtigen Beitrag zum Überleben der Bienen leistet. Die Blüten produzieren außerordentlich viel Nektar und gedeihen teilweise noch Anfang November, sodass Bienen und Hummeln sich einen Wintervorrat Nektar anlegen können.

Gebratene Melanzani

mit Springkraut & Ziegenkäse

für 2–3 Personen

1 Melanzani
1 Knoblauchzehe
200 g Ziegenfrischkäse
2 Doppelhände Springkrautblüten
1 Handvoll Springkrautsamen
Salz und Pfeffer

Die Melanzani in dickere Scheiben schneiden und salzen. In einer Pfanne etwas Öl erhitzen, die Melanzanischeiben anbraten.

Ein paar Springkrautblüten für die Dekoration beiseitelegen, die restlichen Blüten klein schneiden. Ebenso den Knoblauch sehr fein schneiden. Den Ziegenfrischkäse mit dem Knoblauch, den Blüten und den Springkrautsamen vermischen und würzen.

Die Käsemasse in einen Dressiersack füllen und auf die gebratenen Melanzanischeiben aufspritzen. Mit Blüten und Samen garnieren.

TIPP!
Die Samen des Indischen Springkrauts schmecken nach frischen Walnüssen und der Geschmack der Blüten ist süßlich-mild.

Mascarponecreme-Kuchen

mit Staudenknöterich

für 1 Springform Ø 26 cm

Rührteig

200 g Schlagobers
200 g Mehl
½ Pck. Backpulver
70 g Zucker
3 Eier
ca. 800 g Staudenknöterich, ungeputzt (ergibt ca. 500 g netto)

Mascarponecreme

125 g Mascarpone
10 g Staubzucker
1 Ei

Mandelstreusel

50 g Mandelblättchen
20 g Zucker
10 g Butter

Für den Teig das Schlagobers etwas anschlagen, dann Zucker zufügen. Die Eier einzeln untermixen. Zum Schluss das Backpulver und das Mehl unterrühren. Es entsteht ein zähflüssiger Rührteig.

Den Backofen auf 180 °C vorheizen.

Den Staudenknöterich von Blättern und Seitenstielen befreien und dünn abschälen. In Ringe schneiden. (Die Knotenpunkte verwerfen.) Den Boden der Springform (26 cm Ø) mit Backpapier einspannen, den Rand mit Butter einfetten und mit Mehl ausstäuben. Teig in die Form streichen und darüber die Hälfte des Staudenknöterichs verteilen. Den Kuchen für ca. 20–25 Minuten auf mittlerer Schiene bei 180 °C Ober-/Unterhitze backen.

Für die Streusel die Butter schmelzen und zusammen mit den Mandeln und dem Zucker vermengen.

Für die Mascarponecreme das Ei trennen. Eigelb und Mascarpone zu einer glatten Creme verrühren. Eiweiß mit dem Staubzucker steif schlagen und unter die Mascarponecreme heben. Die Creme auf dem vorgebackenen Teig klecksweise verteilen, die zweite Hälfte Staudenknöterich darüberstreuen und mit den Mandelstreuseln abschließen.

Nun den Kuchen weitere ca. 20 Minuten auf mittlerer Schiene backen, bis er eine goldbraune Farbe angenommen hat.

Den Kuchen auskühlen lassen und nach Belieben mit Staubzucker bestäuben.

Crostini mit Ziegenkäse

und gebratenem Staudenknöterich

für 4 Personen

1 Baguette
200 g Ziegenfrischkäse
ca. 20 Stück frische Staudenknöterichsprossen
1 TL Honig
1 Handvoll Walnüsse
Salz

Das Baguette in Scheiben schneiden und im Toaster goldgelb rösten.

Die Staudenknöterichsprossen in einer Pfanne mit etwas Butter und Salz bei mittlerer Hitze anbraten.

Ziegenfrischkäse auf die Baguettescheiben streichen, 2–3 Staudenknöterichsprossen darauflegen, einen Tropfen Honig und Walnüsse darübergeben.

Durch seine Rhizome als Überdauerungsorgan ist es dem Japanischen Staudenknöterich möglich, sehr schnell zu wachsen. Teilweise schafft er 10–30 cm am Tag. Das Ernteintervall der frischen Knöterichsprossen ist daher nur von kurzer Dauer, bevor die Stängel ebenso schnell verholzen.

Löwenzahnsalat

mit Linsensprossen

für 4 Portionen

2–3 Handvoll Linsensprossen
frische Löwenzahnblätter
2 Äpfel
1 Handvoll Kürbiskerne
etwas Parmesan
zur Dekoration essbare Blüten wie Primeln, Veilchen, Gänseblümchen

Apfeldressing

1 Apfel, gewürfelt
1 EL Senf
1 EL Honig
Salz
2 Teile Rapsöl
1 Teil Apfelessig

Den Apfel in kleinere Würfel schneiden. Den Löwenzahnsalat waschen und je nach Größe schneiden. Löwenzahn, Linsensprossen, Apfelstücke und Kürbiskerne miteinander vermengen.

Parmesan in dünne Scheiben schneiden und etwas zerbröseln.

Für das Dressing alle Zutaten mit dem Pürierstab fein pürieren. Den Salat damit marinieren und mit den essbaren Blüten dekorieren.

TIPP!
Das Apfeldressing kann im Kühlschrank ca. 1 Woche aufbewahrt werden.

Löwenzahn

tief verwurzelt und beflügelt

Der Löwenzahn ist für mich eine Pflanze, die Gegensätze lebt und vereint. Zum einen wirkt er mit seiner gelben Zottelmähne kräftig, ein bisschen plump, rustikal und erdig. Und nach getaner Wandlung erscheint er zum anderen leicht und hauchzart in einer mondenhaften Eleganz. Er vermittelt Tiefe und Leichtigkeit zugleich. Er wird geliebt und ebenso gehasst.

Der Löwenzahn ist vieles: Überlebenskünstler, Widerstandskämpfer, Zauberer – aber ganz gewiss kein UNkraut. Es ist praktisch UNmöglich ihn totzukriegen, denn seine Vermehrungsstrategien sind UNschlagbar. UNglaublich ist auch seine Vitalität, er lässt sich einfach nicht unterkriegen, trotzt Umweltgiften und regeneriert sich aus kleinsten Wurzelstückchen heraus. Und obendrein ist der Löwenzahn höchst anpassungsfähig. Er kommt ebenso mit einem Zuviel oder Zuwenig an Nährstoffen aus. Ob fette, überdüngte Wiesen, Ruderalstellen oder Betonritzen – er ist UNkompliziert, nicht wählerisch und gibt sich mit dem zufrieden, was er kriegen kann. Macht sozusagen das Beste daraus.

Vielleicht ist des Löwenzahns Geheimnis seine gute Erdung, denn seine Pfahlwurzel kann auch schon mal bis zu zwei Meter lang werden. Oberflächlichkeit ist nicht sein Wesen, er holt aus der Tiefe seine Kraft und hat die beneidenswerte Fähigkeit, sich zu regenerieren. So mancher Gärtner kann ein Lied davon singen. Doch die Wurzel kann noch mehr, sie beinhaltet reichlich Inulin und ist daher auch gut für Diabetiker geeignet. Allerdings ist es ein bitterer Genuss. In Salzwasser eingelegt, kann der bittere Geschmack zwar abgemildert werden, doch der Verzehr bleibt Geschmackssache. Mit einem wunderbaren Aroma verwöhnt die Wurzel als Kaffee meinen Gaumen. Dazu werden reichlich Wurzeln im Frühjahr oder Herbst ausgegraben, gewaschen und in feine Scheiben geschnitten. Diese werden entweder in einer Pfanne oder im Backofen (bei ca. 200 °C) geröstet. Anschließend fein mahlen, mit kochendem Wasser aufgießen und genießen. Der Geschmack ist ähnlich einem Getreide- oder auch Eichelkaffee.

Auch mit seiner Blattrosette, die der Wurzel spiralförmig entspringt, wirkt der Löwenzahn recht bodenständig und standhaft, die Form seiner Blätter ist jedoch sehr vielgestaltig. Die Gestaltung des Blattrandes reicht von sägezahnförmig gebuchtet bis tief gelappt. Kein Blatt gleicht dem anderen, sie sind wie die Fingerabdrücke des Menschen individuell. Und so manches Blatt erinnert wahrlich an das Gebiss eines Löwen – eben LöwenZähne. Er weiß, was es bedeutet, sich durchzubeißen. Denn nicht immer fällt der Samen auf fruchtbaren Boden. Er wächst dort, wohin ihn der Wind trägt. Manch-

mal ist es das nahrhafte Schlaraffenland einer Fettwiese und ein anderes Mal eine Betonritze. Dank seines großen Anpassungsvermögens lässt er sich auch in mageren Zeiten nicht unterkriegen. Vor seiner Durchsetzungskraft kapitulieren sogar Mauern. Mit Löwenmut und Löwenkraft trotzt er Hindernissen und vermag sich durchzubeißen. Vielleicht möchte er auch gerade diese Fähigkeiten weitergeben und zu mehr Kraft verhelfen. Er fühlt auf den Zahn und hinterfragt. Wie schnell lasse ich mich von Widrigkeiten und Hindernissen einschüchtern? Oder gebe ich auf, wenn meine Ideen und Projekte nicht auf optimalen Boden fallen? Aber auch, wie gut bin ich verwurzelt? Habe ich genug Halt? Welche Kraft steckt in meinen Tiefen? Oder schürfe ich nur an der Oberfläche?

Doch nicht nur die Zähne der Blätter erinnern an den Löwen, sondern auch die sonnengelben Blüten gleichen einer Löwenmähne. Sie blühen von April bis Mai und einzelne sogar nochmal im Herbst. Der Blütenkopf einer Löwenzahnpflanze ist aber nicht eine Blüte, sondern ein ganzer Korb, voll mit bis zu 200 Einzelblüten. Ebenso wie das Gänseblümchen gehört der Löwenzahn zu den Korbblütengewächsen. Dabei besteht ein Blütenkopf aus vielen gelben Zungenblüten. (Das Gänseblümchen besteht dagegen aus innen gelben Röhrenblüten und außen aus weißen Zungenblüten.)

So wie der Löwe ist auch der Löwenzahn in der Signaturenlehre der Sonne zugeordnet. Mit Bescheidenheit, die die Brennnessel durch ihr Erscheinungsbild an den Tag legt, hat der Löwenzahn jedoch nichts am Hut. Mit seiner gelben Zottelmähne strahlt er mit der Sonne um die Wette – wie ein kleiner Sonnenkönig. Eigentlich ist eine einzelne Löwenzahnblüte sehr filigran, aber ein ganzer Korb voll sattgelber Zungenblüten verändert das Bild. Etwas plump und rustikal, aber auf jeden Fall auffallend. Sein sonnig warmes Gemüt ist einfach nicht zu übersehen.

Im Löwenzahn stecken viele Kräfte: Heilkraft, Sonnenkraft, Widerstandskraft, Durchsetzungskraft, aber auch die Kraft zur Wandlung und Erneuerung. Im Frühjahr trägt so manche „fette" Wiese zuerst ein goldenes Sonnenkleid und tauscht dieses dann gegen ein silberzartes Mondenkleid. Beide sind zauberschön. Und irgendwie erscheint es mir, als ob der Löwenzahn nach den Sternen zu greifen vermag und für kurze Zeit Sonne und Mond auf Erden bringt.

Die Pusteblume wird gewöhnlich der Signatur des Merkurs zugeordnet, denn die Schirmchen lassen sich allzu leicht vom Wind erfassen und verbreiten. Dennoch erinnert mich die Pusteblume in ihrer Gestalt als silberfarbene Kugel als Erstes an den Mond. Und erst im Spiel des Windes betrachte ich den Löwenzahn merkurisch. Bei all der Leichtigkeit verliert er dennoch nie seine Tiefe. Er bringt Bewegung und Veränderung. Für ihn gilt das Motto: „Wo wir gut verwurzelt sind, wachsen uns auch Flügel."

Was die Vermehrung betrifft, so möchte ich den Löwenzahn als (fast) autark bezeichnen. Um seinen Fortbestand abzusichern, hat er tief in die Trickkiste gegriffen. Zum einen lieben Insekten seinen Nektar und bestäuben ihn ganz nebenbei. Zum anderen ist er aber nicht auf Bestäubung und somit fremde Hilfe angewiesen. Ein hoher Prozentsatz seiner Art besitzt einen triploiden Chromosomensatz und kann sich somit auch steril (ohne geschlechtlichen Austausch) fortpflanzen. Der Löwenzahn

betreibt sozusagen Gentechnologie und klont sich selbst. Deshalb ist es auch wenig sinnvoll, wenn Gartenbesitzer die gelben Blütenköpfe abmähen, um die Pusteblumen und damit eine weitere Verbreitung dieses Krautes zu verhindern. Der Löwenzahn beendet sein Werk, ob mit oder ohne Einverständnis des Gärtners.

Nun fehlt nur mehr die Verbreitung. Am liebsten möchte er die ganze Welt erobern (und hat es auch geschafft). Wer könnte da hilfreicher sein als der Wind. Deshalb auch diese ausgeklügelte „Pusteblumen-Verwandlung". Bei gutem Wind kann so ein Schirmchen schon mal kilometerweit fliegen. Doch was der Wind kann, kann der Mensch auch, wenngleich nicht in dieser Intensität. Der Löwenzahn hat sich bei seiner Verwandlung besonders viel Mühe gegeben, um auch dem Menschen zu imponieren und ihn geradewegs zu verleiten, es dem Wind gleichzutun.

Ich bevorzuge, den Löwenzahn und all dessen wunderbare Eigenheiten mir genussvoll einzuverleiben. Dabei sind der Kreativität keine Grenzen gesetzt und ein Experimentieren mit Aromen und Düften ist erlaubt. Im Frühling ist der Geschmack am besten. Eine milde Herbe verbreitet sich auf dem Gaumen. Im Jahresverlauf wird der Löwenzahn zunehmend bitterer. Das Geheimnis eines guten Wildkräutersalates ist jedoch das Dressing. Es braucht ein wenig Säure und auch Süße. So wird die Herbe eines Löwenzahns gemildert und rundet das Aroma ab.

In Kraft, Stärke und Temperament steht der Löwenzahn dem König der Tiere nicht nach, aber die majestätische Ausstrahlung vermochte ich bei ihm nicht zu entdecken. Stolz und eigenwillig, aber „gewöhnlich". Vielleicht ist der Löwenzahn nur deshalb ein ungeliebtes UNkraut, weil der Mensch all diese Eigenschaften und Fähigkeiten nur UNzulänglich sein Eigen nennen kann. Der Löwenzahn ist und bleibt „born to be wild" – UNgezähmt in Kraft und Vitalität, UNverwüstlich, UNabhängig, wild und frei.

Forelle mit Wurzelgemüse

und Nachtkerzenwurzel

für 2 Personen

2 kleine Forellen
4 Karotten (gelb, orange, lila)
1 Stange Lauch
Nachtkerzenwurzeln

1 Prise Anissamen
½ TL Koriandersamen
¼ TL Fenchelsamen
1 Orange
Salz, Pfeffer
Öl

TIPP!
Ich verwende auch sehr gerne die Blattstrunke vom Karfiol. Sie haben gleichfalls ein wunderbares Aroma und sind zum Wegschmeißen viel zu schade. Das Blattgrün wegschneiden und die Strunke in kleinere Stücke zerteilen.

Die Nachtkerzenwurzeln säubern und klein schneiden. Ebenso Karotten und Lauch in Scheiben schneiden.
Die Orange in Scheiben schneiden, 3 Scheiben halbieren.

Die Anis- und Koriandersamen im Mörser etwas zerdrücken, damit sie ihr Aroma besser entfalten können. Die Gewürze mit dem Gemüse vermengen, salzen und pfeffern und mit ein paar Spritzern Orangensaft beträufeln. Das Gemüse kurz in einer Pfanne mit wenig Öl leicht anbraten und anschließend auf ein mit Backpapier belegtes Backblech geben.

Die Forelle mit Wasser abspülen und trocken tupfen. Innen und außen mit Salz und etwas Pfeffer bestreuen. In den Bauch der Forellen die halbierten Orangenscheiben geben. Die Fische auf das Gemüsebett legen. Die restlichen Orangenscheiben auf dem Gemüse verteilen.

Bei 200 °C im Ofen ca. 20–30 Minuten garen. Vorheizen nicht notwendig.

WISSENSwert
Die Nachtkerze ist eine beliebte Futterpflanze bei vielen Nachtfaltern. Im Volksmund ist sie auch unter dem Namen Schinkenwurz, Rübenwurzel, Eierblume oder gelbe Rapunzel bekannt.

Zwetschkenröster

mit Nelkenwurz

für ca. 8 kleine Gläser

1 kg Zwetschken
3–4 EL Rohrzucker
2 TL gemahlene Nelkenwurz

Zwetschken entsteinen und vierteln.

Rohrzucker in einen großen Topf geben und bei mittlerer Hitze langsam karamellisieren lassen. Nicht umrühren, bis aller Zucker geschmolzen ist. Das Karamell darf aber auch nicht zu dunkel werden, da es sonst bitter wird.

Nun die Zwetschken und das Nelkenwurzpulver zugeben, dabei erstarrt das Karamell erst einmal. Bei schwacher Hitze leicht köcheln lassen, bis sich das Karamell wieder aufgelöst und mit dem Zwetschkensaft sirupartig verbunden hat.

Den fertigen Zwetschkenröster in Gläser abfüllen, verschließen und auf den Kopf gestellt erkalten lassen.

Passt gut zu Grieß- oder Kaiserschmarrn, zu ungefüllten Topfenknödeln, zu Palatschinken oder Böhmischen Dalken.

Holunderbeerpunsch

mit Nelkenwurz

für 4–6 Personen

50 ml Holunderbeersaft
50 ml Brombeer- oder Schwarzer Johannisbeersaft
1,5 l Wasser
3 Bio-Orangen
2 Nelkenwurz-Wurzeln
10 Kardamomkapseln
1 Zimtstange
1 Sternanis
Honig, je nach gewünschter Süße

Den Saft von zwei Orangen auspressen, die dritte Orange in Scheiben schneiden. Die Kardamomkapseln im Mörser grob zerkleinern.

Alle Zutaten in einen Topf geben, kurz aufkochen und ca. 1 Stunde ziehen lassen.

Vor Gebrauch nochmals erhitzen.

VARIANTE!
Für die alkoholische Version kann nach Belieben Rotwein oder Rum zugefügt werden.

Melanzani-Quendel-Salsa

mit Chili

für 2–3 Gläser

2 Melanzani
500 g gewürfelte Tomaten (frisch oder Dose)
1 Zwiebel
3 Knoblauchzehen
1 EL Honig
Chiliflocken
Salz, Pfeffer
½ Handvoll Quendel
Öl zum Anbraten

Melanzani in Würfel schneiden. Quendel sehr fein schneiden, am besten mit dem Wiegemesser. Zwiebel und Knoblauch in feine Würfel schneiden und anschließend in einer Pfanne mit etwas Öl hellbraun anbraten. Nun die Melanzaniwürfel zugeben und braten, bis sie weich sind. Den Honig zufügen und alles damit kurz karamellisieren. Nun Tomaten und Quendel untermengen, mit Salz, Pfeffer und Chiliflocken würzen.

Alles bei niedriger Hitze einköcheln lassen, bis eine breiige Konsistenz entstanden ist. Ggf. nachwürzen.

TIPP!
Der Melanzani-Quendel-Dip lässt sich, noch heiß abgefüllt, wie Marmelade in kleine Gläser einwecken.

Geschmorte Lammschulter

mit Zitrone und Quendel

für 2 Personen

1 Lammschulter
½ Handvoll Quendel
1 Zitrone
1 EL Honig
4 EL Olivenöl
Salz, Pfeffer
3 große Tomaten

Zucchini
Melanzani
3 große Tomaten
Quendel
Salz, Pfeffer

Quendel, Olivenöl und Zitronenschale miteinander verrühren und damit die Lammschulter marinieren. Damit sich das Aroma besser entfalten kann, die Lammschulter für 2–3 Stunden in den Kühlschrank stellen.

Das Lamm mit der Marinade in eine ofenfeste Form legen und mit Salz und Pfeffer würzen. Tomaten grob würfeln und zum Lamm geben. Bei 150 °C Ober-/Unterhitze ca. 2,5 Stunden garen. Das Fleisch hin und wieder mit dem Schmorsaft übergießen.

In der Zwischenzeit Zucchini, Melanzani und Tomaten schneiden, mit Salz, Pfeffer und klein gehacktem Quendel würzen. Das Gemüse zur Lammschulter geben und ca. 20 Minuten im Ofen bei 200 °C zu Ende garen. Nun sollte das Fleisch schön weich und zart sein.

Dazu passt zum Beispiel eine Wildkräuterpolenta, siehe Rezept Seite 216.

TIPP!
Ein Quendel-Zitronen-Öl ist ganz leicht herzustellen und intensiviert das Aroma.
Siehe Grundrezepte 245.

Grün-pinkes Beerentörtchen

mit Rosenaroma

für 4 Törtchen oder 1 Torte

grüner Biskuit

3 Eier
90 g Zucker
120 g Mehl
3 EL kaltes Wasser
1 gestrichener TL Backpulver
ca. 50 g Brennnesselspitzen

Beerencreme

200–300 g Brombeeren oder Himbeeren
Rosensirup zum Süßen
250 ml Schlagobers
3 Blatt Gelatine

100 g Zartbitterschokolade

Für den grünen Biskuit die Brennnesseln blanchieren und kräftig ausdrücken. (Das geht am besten mit einer Kartoffelpresse.) Eier und Brennnesseln mit dem Zauberstab sehr fein pürieren. Zucker zugeben und mit dem Mixer schaumig aufschlagen, so lange bis die grüne Schaummasse stehen bleibt. Das kann schon mal 5–8 Minuten dauern, aber dadurch wird der Teig besonders fluffig.

Backpulver und Mehl vermischen, nach und nach über die aufgeschlagene Masse sieben und mit dem Teigspatel vorsichtig unterheben. Die grüne Biskuitmasse in eine Springform oder kleine Dessertringe gießen und im nicht vorgeheizten Ofen bei 180 °C Ober-/Unterhitze ca. 15–20 Minuten backen. Auskühlen lassen.

Gelatine einweichen. Beeren pürieren und durch ein Sieb streichen. Mit Rosensirup je nach Geschmack süßen. Gelatine ausdrücken, in wenig Sirup erwärmen, bis sie sich aufgelöst hat, und unter das Beerenmus rühren. Schlagobers steif schlagen und unterheben.

Die Beerencreme auf den Biskuit geben und glatt streichen. Für mindestens 4 Stunden im Kühlschrank fest werden lassen. Nun die Törtchen für ca. 30 Minuten in den Tiefkühler geben.

Im heißen Wasserbad die Schokolade schmelzen. Törtchen aus dem Tiefkühler holen, vorsichtig den Dessertring lösen und dünn mit Schokolade überziehen. Mit Rosenblüten und Beeren dekorieren.

Rosenblüten-Tiramisu

mit Waldbeeren

für 6 Portionen

250 ml Schlagobers
500 g Mascarpone
Rosenblütensirup
1 Zitrone, Abrieb
Biskotten
1 große Tasse Espresso zum Tränken
500 g Himbeeren, Heidelbeeren, Walderdbeeren
2 EL Backkakao

frische Blütenblätter von Rose, Geranien, Malven

Mascarpone mit Rosenblütensirup (so viel bis das gewünschte Aroma und die Süße erreicht sind) glatt rühren, Zitronenabrieb zugeben.

Schlagobers steif schlagen und vorsichtig unter den Mascarpone heben. Frische Rosenblüten klein schneiden und ebenfalls vorsichtig unterheben. Vorsicht, nicht zu viele Blüten verwenden, da der Geschmack schnell zu intensiv werden kann und das Aroma dann an Seife erinnert!

Biskotten mit Espresso tränken und den Boden einer passenden Form auslegen. Himbeeren darüber verteilen und mit Rosencreme bestreichen. Nun eine zweite Schicht getränkter Biskotten darüberlegen, wieder mit Himbeeren und Creme abdecken. Zum Schluss Kakaopulver darübersieben und im Kühlschrank 2–3 Stunden kalt stellen.

Vor dem Servieren mit frischen Blüten garnieren.

TIPP!
Falls die Creme zu flüssig geworden ist, kann mit 1–2 Blatt Gelatine (vegetarisch Agar Agar) nachgeholfen werden.

Baumblattsalat

mit Buchenblättern

für 4 Personen

frische Buchenblätter
1 kleine Packung Champignons
1 Bund Radieschen
ein paar essbare Blüten

French Dressing
1 gekochtes Eigelb
1 TL Senf
1 Zehe Knoblauch
¼ TL Salz
Pfeffer
50 ml Öl
50 ml Schlagobers
50 ml Milch

Champignons und Radieschen in feine Scheiben schneiden und mit den Buchenblättern vermischen.

Für das Dressing das gekochte Eigelb zusammen mit dem Senf, Knoblauch und dem Schlagobers fein pürieren. Dadurch entsteht eine cremige mayonnaiseähnliche Konsistenz. Schlagobers und Milch unterrühren, mit Salz und Pfeffer würzen.

Erst kurz vor dem Servieren das Dressing zum Salat geben. Die Buchenblätter werden sonst patschig.

TIPP!
Buchenblätter als Salat sind nur während eines kurzen Zeitraumes von etwa einer Woche genießbar. Meist im April, direkt, wenn die Knospen grad aufgegangen sind, ist ihr Geschmack am besten. Danach werden die Blätter sehr zäh und die Dominanz der adstringierenden Gerbstoffe lässt den Appetit darauf schwinden.

Wieseneis

mit Sauerampfer

für 4–6 Personen

1 Zitrone, Saft und Abrieb
1 Ei
3 Eigelb
80 ml Zitronenmelissensirup
250 ml Schlagobers
2 Doppelhände Sauerampfer

Den Sirup mit dem Sauerampfer fein pürieren.

Ei und Eigelb über einem heißen Wasserbad cremig aufschlagen, Sirup, Zitronensaft und -abrieb langsam zufügen. Die Masse (bis zur Rose) so lange aufschlagen, bis sie andickt und cremig ist, dann vom heißen Wasserbad nehmen und im kalten Wasserbad weiterschlagen, bis die Masse abgekühlt ist.

Schlagobers steif schlagen und vorsichtig unter die Eismasse heben. Für ca. 20 Minuten in die Eismaschine geben, je nach Festigkeit oder als Parfait zubereiten. Dafür den vorgesehenen Eisbehälter, z. B. Kastenform, ggf. mit Frischhaltefolie auslegen und die Parfaitmasse einfüllen.

Abdeckt für 6–8 Stunden im Tiefkühler fest werden lassen. 10 Minuten vor dem Servieren aus dem Tiefkühler nehmen.

Gefüllte Blätter

mit Melanzani & Feta

für 4 Personen

2 Melanzani
100 g Feta
Salz, Pfeffer
Öl zum Anbraten
Wildkräuter der Saison

große Blätter (z. B. Breitwegerich, Brennnessel, Knoblauchrauke)
Salz, Pfeffer
etwas Öl

Sauerampfer-Dip
200 g Sauerrahm
½ Handvoll Blättchen vom Wiesensauerampfer
½ Zitrone, Abrieb
Salz, Pfeffer

Die Melanzani in kleinere Würfel schneiden, wenig salzen und in eine gefettete Auflaufform geben, mit etwas Öl beträufeln. Ca. 25 Minuten im Ofen bei 200 °C garen.

Derweil die Wildkräuter klein schneiden und die großen Blätter blanchieren.

Sauerrahm, Sauerampfer und Zitronenabrieb mit dem Zauberstab pürieren, mit Salz und Pfeffer würzen.

Die Melanzani aus dem Ofen nehmen, mit der Gabel zerdrücken, die Wildkräuter zugeben, Feta zerbröseln und alles miteinander vermengen und würzen.

Aus der Melanzanimasse kleine Bällchen formen und diese in die großen Blättern einwickeln. Die kleinen Pakete in der Pfanne etwas anbraten.

Schafgarbe

im Reich der Venus

Einen ganzen Sommer lang beschäftigte mich ein altbekanntes Kraut, die Schafgarbe. Ich habe versucht, sie mit allen Sinnen zu erfassen, habe mit ihr in der Küche experimentiert, Öl und Tinktur angesetzt, sie als Tee getrunken und verräuchert. Ich habe sie genau unter die Lupe genommen, von allen Seiten betrachtet und studiert und über sie philosophiert. Doch kann ich ihr mit diesen Zeilen wirklich gerecht werden?

Sie hat ihre ganz eigene wild-herbe Schönheit. Gekonnt vereint sie in ihrer Gestalt Gegensätze wie Robustheit und Anmut. Bei genauerer Betrachtung offenbart sie ihre majestätische Stärke.

Was ihren Standort angeht, ist die Schafgarbe bescheiden, sie verbreitet sich auf Magerwiesen ebenso gern wie auf Fettwiesen oder an Wegrändern. Dabei wirkt sie bodenständig und gut geerdet, obwohl ihr Wurzelwerk nicht weit in die Tiefe reicht. Ihr Wuchs ist aufrecht und es beliebt ihr nicht, sich zu verbiegen. Der Stängel ist kantig gerillt und starr – geradezu unbeugsam. Ihr Motto: Alles oder Nichts. Sie setzt ihre ganze Existenz ein, um für das Leben zu kämpfen. Und kämpfen heißt sich schützen. Leicht zu brechen ist sie daher nicht, eher lässt sie sich entwurzeln.

Wechselständig entspringen ihrem festen Stiel Blätter, die ins Reich der Venus führen. Ihre feingliedrige Form hat ihr den Namen „Augenbraue der Venus“ verliehen. Die Blätter wirken filigran, doch in ihrer Haptik sind sie recht fest und kratzig. Der Aufbau hat eine wohlgeordnete Struktur. Ein Blatt wirkt wie aus unzählig vielen zusammengesetzt. Sie ist ein Tausendblatt, wie einer ihre vielen Namen im Volksmund lautet und sich ebenso in ihrem lateinischen Beinamen *Achillea millefolium* wiederfindet. Doch bei genauerer Betrachtung entpuppt sich das Tausendblatt als ein einziges Blatt. 10 bis 15 doppelt bis dreifach gefiederte Paare zieren ein Blatt, das bis auf die Blattnerven eingeschnitten ist. Es ist sozusagen auf das Wesentliche reduziert, hat aber dadurch an Stil und Eleganz gewonnen.

Oben (wie) aufgesetzt thront die Blütenkrone. Die Schafgarbe gehört zur Familie der Korbblütengewächse. Mehrere kleinste 5-Stern-Röhrenblüten in der Mitte sind von 5–6 Zungenblüten umrandet und ergeben ein Blütenköpfchen. Und derlei gibt es viele, zusammengesetzt zu einer rispig-angeordneten Scheindolde. Eine schlichte Eleganz. Anmutige Blütenwölkchen auf einem derben Stiel. Sie ist keine Schönheitskönigin wie die Rose und doch wohnt ihr ein eigener Zauber inne. Die Schafgarbe besticht durch Ausstrahlung und eine wild-herbe Schönheit. Nicht umsonst wird sie mit Venus/Aphrodite in Verbindung gebracht. Die Blüten der Schafgarbe enthalten außerdem ein ätherisches Öl, welches durch einen hohen Gehalt von Azulen eine blaue Farbe hat sowie eine entzündungshemmende Wirkung haben soll.

Ihr deutscher Name Schafgarbe leitet sich vom althochdeutschen Wort *garwe* ab, das als „Gesundmacher" interpretiert wird. Viele vergessene Namen geben Hinweise auf ihren Gebrauch in der Volksheilkunde. Die Schafgarbe war auch bekannt als Blutstillkraut, Soldatenkraut, Bauchwehkraut, Frauendank, Heil aller Welt, Beilhiebkraut und als Achilleskraut. Die Schafgarbe enthält vor allem Bitterstoffe und wurde daher in der Volksheilkunde bei Verdauungsstörungen, Bauchkrämpfen und Menstrationsbeschwerden erfolgreich eingesetzt.

Der Name Achilleskraut findet sich auch in ihrer lateinischen Bezeichnung *Achillea millefolium* wieder. Achilleus war ein griechischer Heerführer im Trojanischen Krieg. Der Halbgott Achilleus galt als unverwundbar, da seine Mutter, die Göttin Thetis, ihn in den Fluss Styx getaucht haben soll. Nur die Ferse, an der sie ihn gehalten hatte, war sein wunder Punkt. Bei dem weisen Zentauren Chiron lernte der junge Achilleus neben der Kriegskunst und der Musik auch die Kunst der Medizin. Obwohl Achilleus um das Geheimnis der wundheilenden Schafgarbe wusste, konnte er sich selbst nicht retten und fand sein tragisches Ende durch einen Pfeil in die Ferse. Umgangsprachlich wird heute noch von der Achillesferse als jemandes wundem Punkt gesprochen. Jeder hat einen wunden Punkt, körperlich wie emotional.

Die Schafgarbe scheint Gegensätze zu lieben und ist eine Meisterin darin, sie in sich zu vereinen. Sie soll Blutungen stillen und gleichermaßen auslösen können. Sie kann Wunden heilen, aber auch als Wiesendermatitis die Haut wund machen. Sie ist derb und stark und zugleich zart und verletzlich. Ihr Duft ist herb würzig, doch ebenso warm und sinnlich. Vielleicht möchte sie dazu anregen, beide Seiten zu sehen und zu bedenken. Denn um etwas ganz zu verstehen, muss man auch dessen Gegensatz kennen und erfahren. Wie will man das Licht begreifen, wenn man die Dunkelheit nicht kennt, den Sommer, ohne den Winter je erfahren zu haben, oder ein ganzes Meer, ohne sich des einzelnen Tropfens bewusst zu sein.

Aber vielleicht geht es auch um die Gegensätze in uns selbst, um unsere Stärken ebenso wie um unsere Schwächen. Zum Starksein gehört auch der Mut, schwach sein zu dürfen. Und wie oft ist in der größten Schwäche auch die größte Stärke verborgen.

Die Schafgarbe ist für mich eine Wiesenkönigin. Wild, frei und stolz.

Schafgarben-Zabaione

mit Kirschragout

für 4 Personen

Zabaione

3 Eigelb
20 ml Sekt
80 ml Schafgarbensirup
siehe Seite 236
1 EL Zitronensaft

Kirschragout

500 g Kirschen
Zucker oder Sirup nach Belieben
50 ml Sekt
1 EL Stärke zum Binden

Die Kirschen entsteinen und in einen Topf geben. Kirschen mit Zucker oder Sirup nach Belieben süßen. Sekt zugeben und aufkochen. Indes die Stärke mit 1–2 EL kaltem Wasser glatt rühren und in die kochenden Kirschen mengen, um diese damit zu binden. Die Kirschen in Dessertgläser füllen und abkühlen lassen.

Währenddessen alle Zutaten für die Zabaione in einer Metallschüssel schaumig mixen. Die Schüssel auf ein siedendes Wasserbad setzen und ca. 10 Minuten aufschlagen, bis die Creme dick und cremig geworden ist. Vorsicht! Die Zabaione muss über dem Wasserbad stetig gerührt werden und darf nicht kochen, da sie sonst gerinnt.

Anschließend die Zabaione im kalten Wasserbad weiterrühren, bis sie abgekühlt ist.

Die Zabaione auf das Kirschragout geben.

Mediterrane Tortilla

mit Sommerportulak

für 4 Personen

Tortillateig
siehe Seite 191

Fülle
6 Süßkartoffeln
2 Halloumikäse
1 Zucchini
2 Paprika
(Wildkräuter)Salz, Pfeffer
Öl zum Anbraten

2 Handvoll Sommerportulak
2 Handvoll wilder Salat
1 Handvoll essbare Blüten

Salsasauce
siehe Seite 243

Kräuterdip
siehe Seite 244

Grüne Tortillas nach Rezept siehe Seite 191 zubereiten.

Für die Fülle die Süßkartoffeln in Längsspalten schneiden, mit etwas Öl und Wildkräutersalz marinieren. Bei 200 °C ca. 20 Minuten garen, bis die Spalten weich sind und zu bräunen beginnen.

Das Gemüse und den Halloumi in Streifen schneiden und in einer Pfanne mit wenig Öl anbraten.

Tortilla mit Süßkartoffeln, Gemüse und Halloumi belegen, Sommerportulak, Salatkräuter und Blüten zugeben. Salsasauce und Kräuterdip nach Belieben zufügen.

Tortilla zum Wrap rollen. Dafür zuerst die Unterkante einschlagen und danach die Seiten übereinanderschlagen.

TIPP!
Milde Wildsalate wie Weißer Gänsefuß, Gartenmelde, Vogelmiere, Sommerportulak oder Fingerkraut passen gut in Tortillawraps.

Steinklee-Tartelettes

mit Lemon Curd oder Stachelbeer

für 8 Tartelettes Ø 10cm

Steinkleecreme

2 TL frische Steinkleeblüten
oder 1 TL getrocknete Blüten
125 g Mascarpone
150 ml Schlagobers
2–3 EL Staubzucker
1 EL Zitronensaft
Abrieb ½ Zitrone

Lemon Curd

150 ml Zitronensaft
50 g Butter
100 g Zucker
Abrieb 1 Zitrone
3 Eier

Stachelbeerfüllung

300 g Stachelbeeren
100 g Zucker
½ Vanilleschote
3 TL Speisestärke

Für die Steinkleecreme am Vortag die Blüten mit dem Schlagobers kurz aufkochen und im Kühlschrank ganz erkalten lassen.

Für den Lemon Curd Zitronensaft, Butter und Zucker erhitzen, bis sich der Zucker aufgelöst hat. Die Eier verquirlen und zum Saft dazugeben. Bei kleiner Hitze rühren, bis die Creme dick wird. In ein Glas abfüllen und im Kühlschrank erkalten lassen.

Das Steinklee-Schlagobers durch ein Sieb abseihen und steif schlagen. Mascarpone mit Zitronensaft, Zitronenabrieb und Staubzucker glatt rühren. Mit dem Teigspatel das Schlagobers unterheben. Die Creme für mindestens 1 Stunde im Kühlschrank fest werden lassen.

Die Stachelbeeren putzen, halbieren und in einen Topf geben. Vanilleschote längs halbieren, das Mark mit einem kleinen Messer herauskratzen und zu den Beeren geben. Zucker zufügen und weich köcheln. Die Speisestärke mit 2–3 EL Wasser verrühren und mit den Stachelbeeren vermengen, kurz aufkochen, bis die Masse andickt und anschließend erkalten lassen.

Für den Mürbteig alle Zutaten rasch zu einem glatten Teig verkneten und mindestens 30 Minuten im Kühlschrank rasten lassen.

Indes die Tartelette- oder Muffinförmchen ausbuttern und mit Mehl bestäuben, damit sich die Tartelettes später gut herauslösen. Nach der Ruhezeit den Teig ca. 5 mm dick ausrollen. Den Teig

Mürbteig
150 g Butter
250 g Mehl, glatt
80 g Zucker
1 Ei
Prise Salz
Hülsenfrüchte zum Blindbacken

kreisrund und etwas größer als die Form ausstechen. Die Teigkreise in die Förmchen legen und die Ränder andrücken. Den Boden mehrfach mit einer Gabel einstechen. Für das Blindbacken aus Backpapier Kreise ausschneiden, auf den Mürbteig legen und mit Hülsenfrüchten füllen. Die Tartelettes ca. 15 Minuten bei 180 °C Ober-/Unterhitze auf der mittleren Schiene backen. Vorheizen nicht notwendig. Die Hülsenfrüchte und das Backpapier entfernen und weitere 10–15 Minuten backen. Danach sollte der Mürbteig eine leichte Bräunung haben. Auskühlen lassen.

Die Tartelettes aus den Förmchen lösen, mit Stachelbeercreme oder Lemon Curd befüllen.

Die Steinkleecreme in einen Dressiersack füllen und verschieden große Tupfen aufspritzen.

WISSENSwert

Der Steinklee enthält Cumarine und erinnert daher an den Duft des Waldmeisters. Diesen süß aromatischen Duft und seinen Nektarreichtum lieben auch viele Insekten. Allerdings kann das Cumarin bei zu hoher Dosierung auch Kopfschmerzen verursachen. Daher sollte Steinklee mit Bedacht eingesetzt werden. Weniger ist oft mehr.
Außer dem Weißen Steinklee gibt es auch noch den Gelben Steinklee. Dieser wird im Volksmund auch als Honigklee bezeichnet.

Spitzwegerichsuppe

mit Spitzwegerichchips

für 4 Personen

300 g Kartoffeln
ca. 2 Handvoll Spitzwegerich
1 kleine Zwiebel
1 Knoblauchzehe
0,75 l Gemüsebrühe
1 Dose Kokosmilch
1–2 EL Öl zum Andünsten
Salz, Pfeffer

Zwiebel und Knoblauch in feine Würfel schneiden und glasig andünsten. Die Kartoffeln schälen, in Würfel schneiden und zu den Zwiebeln geben. Anschließend mit der Gemüsebrühe aufgießen, klein geschnittenen Spitzwegerich zugeben und ca. 20 Minuten kochen lassen, bis die Kartoffeln gar sind. Nun die Kokosmilch zugeben und würzen. Zum Schluss die Suppe mit dem Zauberstab fein pürieren.

In einer Pfanne ein paar Spitzwegerichblätter knusprig anbraten, salzen und zur Suppe servieren.

WISSENSwert

Das Aroma dieser Suppe wird überraschen, denn sie schmeckt wie eine Pilzcremesuppe. Am intensivsten ist dieser nussig-pilzige Geschmack in den Knospen zu entdecken. Somit entsteht eine „virtuelle" Pilzsuppe ganz ohne Pilze. Das funktioniert auch mit getrocknetem Spitzwegerich.

Grüne Tortillas

mit Vogelmiere

für 6–8 Tortillas Ø 20 cm

280 g glattes Mehl, Weizen oder Dinkel
50 ml Pflanzenöl
100 ml Wasser
60–80 g Vogelmiere
¼ TL Salz

Alle Zutaten zu einem glatten Teig verkneten. Der Teig sollte glänzend und elastisch sein.

Den Teig in 8 Stücke portionieren. Jedes Teigstück zu einer Kugel formen und dann mit dem Nudelholz auf einer bemehlten Arbeitsfläche ausrollen, so dass möglichst ein runder Fladen entsteht.

Die Tortillas werden schnell und heiß gebacken. Dafür eine Pfanne bei höchster Hitze heiß werden lassen. Die Tortillas (ohne Fettzugabe!) in die Pfanne geben und 1–2 Minuten backen, bis der Teig Blasen wirft und zu bräunen beginnt. Wenden und nochmals ca. ½ Minute von der anderen Seite backen. Die fertige Tortilla sofort abdecken, damit sie nicht austrocknet. Die restlichen Tortillas ebenso zubereiten.

Tortillas mit rosa Beiried

und Vogelmiere

für 4 Personen

Grüne Tortillas
siehe Seite 191

Melanzani-Quendel-Salsa *siehe Seite 162*

4 Stück Beiried
3 Handvoll Vogelmiere
essbare Blüten

Tortillas nach Rezept siehe Seite 191 zubereiten.

Melanzani-Quendel-Dip nach Rezept siehe Seite 162 zubereiten.

Die Beiriedschnitten mit Salz und Pfeffer würzen und in einer Pfanne mit etwas Öl auf jeder Seite ca. 1–2 Minuten scharf anbraten. Das Fleisch aus der Pfanne nehmen und in einer Auflaufform für ca. 10–15 Minuten im Ofen bei 120 °C Ober-/Unterhitze medium garen. Wer es lieber ganz durchgebraten mag, kann das Fleisch auch in der Pfanne langsam zu Ende garen.

Fleisch in Scheiben schneiden, innen sollte es nun rosa sein. Die Tortillas mit Melanzani-Quendel-Dip bestreichen, Vogelmiere darübergeben, mit den Beiriedscheiben belegen und mit Blüten garnieren.

Tortillas zu Wraps rollen. Dafür zuerst die Unterkante einschlagen und danach die Seiten übereinanderschlagen.

Vogelmiere

klein, aber oho

Oho ist eigentlich untertrieben, wenn ich bedenke, wie viel Kraft und Ausdauer in dieser kleinen Wunderkreation der Natur stecken.

Die Vogelmiere ist eine kleine unscheinbare Pflanze, die jedoch mit enormer Widerstandskraft überrascht und sich selbst von Eis und Schnee nicht bezwingen lässt.

Als Archäophyt (Urpflanze) ist sie eine wahre Überlebenskünstlerin, denn sie hat sogar die Eiszeit überlebt und kann bis in die Jungsteinzeit zurückverfolgt werden. Die Vogelmiere ist quasi nicht auszurotten, obwohl sie eine einjährige Pflanze ist. Mit ihren bis zu 20 000 Samen pro Jahr, die obendrein auch noch bei knapp 0 °C keimfähig sind, ist dies auch schwer vorstellbar. Still und heimlich, aber hoch effektiv, erobert sie sich ihren Raum. Doch ihrer Fruchtbarkeit nicht genug, vermehrt sich das „Sternchen" auch überall dort, wo ihre Stängel die Erde berühren.

Die Vogelmiere gehört der Familie der Nelkengewächse an und trägt den lateinischen Name *Stellaria media*, was übersetzt „Sternchen" bedeutet. Beim genaueren Betrachten der weißen Miniaturblüten ist dann auch klar, warum. Die fünf weißen Kronblätter sind tief zweiteilig. Und wer ganz neugierig ist, kann vielleicht sogar die rotvioletten Staubgefäße entdecken und ebenso die einzeilige Haarleiste des Stängels (im Gegenlicht erkennbar). Die Haarlinie ist der Pflanze bei der Wasserversorgung behilflich. Die Blätter sind ei- bis herzförmig und gegenständig. An langen Stielen hängen die Knospen herab, welche im Gegensatz zur restlichen Pflanze stark behaart sind. Der Volksname Hühnerdarm erklärt sich beim Abreißen des Stängels, da zumeist ein Stück des Inneren herausschaut. Die ganze Pflanze ist ca. 10–20 cm hoch, im Wald manchmal auch höher.

Sie liebt stickstoffreiche und feuchte Böden und rollt auf diesen ihren grünen Teppich aus. So ist sie häufig im Wald, auf dem Acker, aber auch im Garten anzutreffen. Sie wächst unermüdlich und obendrein recht undiszipliniert, so mancher Gärtner kann ein Lied davon singen. Mit ihrer ungebremsten Vitalität überwuchert sie gerne auch mal ganze Beete, was sich der smarte Gärtner gern zunutze macht. Denn so ein grüner Teppich schützt vor Austrocknung und wirkt wie eine lebende Mulchdecke. Zudem sollte sie der Gärtner als Zeigerpflanze für humusreiche, fruchtbare und stickstoffreiche Böden willkommen heißen.

Trotz ihrer Vorzüge hält sie sich in ihrem Wesen bedeckt und erobert ihren Raum in kriechender Weise. Alleine als Einzelpflanze wird sie in ihrer Unauffälligkeit kaum wahrgenommen, erst wenn das „Problem" herangewachsen ist, zieht es des Gärtners Aufmerksamkeit auf sich. Wenn sie ihren grünen Teppich erst einmal ausgerollt hat, ist sie nicht mehr zu übersehen. Das ist ähnlich wie in der Geschichte vom kleinen Problem das, ebenfalls anfangs noch recht klein, einfach übersehen wird. Doch nimmt ein Problem erst mal an Größe zu, wird es mit Verachtung und Missgunst genährt. Keiner will es haben. Und plötzlich steht man vor einem ausgewachsenen Problem von stattlicher Größe, das nun wahrlich nicht mehr übersehen werden kann. Die Herausforderung liegt darin, das „Pro" im Problem zu erkennen. Das Gute ist immer auch im „Schlechten" verborgen und umgedreht. Schließlich ist es ein Problem und kein Kontrablem. Ebenso steht es mit der Vogelmiere, dessen „Pro" – metaphorisch gesehen – Beachtung verdient.

Und wer erst einmal auf den Geschmack gekommen ist, lässt diese Energiebombe in Ruhe gewähren und genießt. Die Vogelmiere, so klein und bescheiden auch ihr äußeres Erscheinungsbild sein mag, strotzt nur so vor Nährstoffen und Mineralien und sollte daher in keinem Salat fehlen. Ihre grüne Kraft ist vor allem sehr eisenreich und in dieser Hinsicht liegt sie gleichauf mit der Brennnessel. Des Weiteren enthält die Vogelmiere reichlich Vitamin C und liegt hierbei mit dem Brokkoli gleichauf, der bekanntlich zu unseren Vitamin-C-reichsten Kulturgemüsesorten zählt. Ihr angenehm mildwürziger Geschmack erinnert an jungen Mais. Die Vogelmiere ist ein Wildgemüse, das sich bestens zur Verfeinerung von Salaten, Suppen, Pestos, Aufstrichen, Smoothies und vielem mehr eignet. Mal ganz abgesehen von der praktischen Seite – ganzjährig nutzbar, vermehrt es sich von selbst und bedarf keiner Pflege. Je dichter der Teppich, umso einfacher lässt sich das Kraut ernten, einfach mit der Schere abschneiden oder vorsichtig abreißen. In meinen Salaten darf die Vogelmiere jedenfalls nicht fehlen.

Die Hauptwirkstoffe der Vogelmiere sind ihre Saponine (Seife), die mitunter eine verbesserte Aufnahme von Nährstoffen bewirken. Die Volksmedizin schreibt der Vogelmiere vielseitige Heilwirkungen zu, die ich jedoch, Gott sei Dank, noch nicht erproben konnte. Ich verzichte darauf, diese hier alle aufzuführen, sie quasi anderswo abzuschreiben. Vielmehr möchte ich auf ihre kulinarischen Vorzüge aufmerksam machen, schließlich sagte schon Hippokrates vor mehr als 2 000 Jahren: „Lass die Nahrung deine Medizin sein und Medizin deine Nahrung!"

Waldmeister-Panna-Cotta

mit Staudenknöterich

für 4 Portionen

Panna Cotta
200 ml Milch
200 ml Sahne
40 g Zucker
5 Waldmeisterzweige
3 Blatt Gelatine
Saft einer halben Zitrone

Staudenknöterich
6–7 Stangen vom Japanischen Staudenknöterich, ca. 30 cm lang (nur die jungen zarten Triebspitzen ernten)
20 g Butter
2 EL Zucker

Milch, Sahne, Zucker und Waldmeister im Topf kurz aufkochen und anschließend ca. 20 Minuten ziehen lassen.

Gelatine in kaltem Wasser einweichen, anschließend ausdrücken, in der heißen Waldmeistersahne auflösen, durch ein Sieb gießen, Zitronensaft hinzufügen, in Portionsförmchen füllen und für ca. 4–6 Stunden im Kühlschrank fest werden lassen.

Den Staudenknöterich dünn abschälen und in Ringe schneiden. In einer Pfanne Butter zerlassen, den Staudenknöterich kurz anbraten, dann mit Zucker bestäuben und leicht karamellisieren. Der Staudenknöterich verliert dabei leider seine Farbe und wird eher gelblich.

Panna Cotta je nach Belieben zusammen mit dem Staudenknöterich anrichten.

WISSENSwert

Waldmeister enthält Cumarine, die ihm sein typisches Aroma verleihen. Diese Cumarine werden jedoch erst mit dem Welken freigesetzt, daher soll der Waldmeister ca. einen Tag welken, bevor er verwendet wird.

Waldmeisterschnitte

mit Erdbeerspiegel

für ein Blech

Biskuitteig
6 Eier
180 g Zucker
6 EL kaltes Wasser
260 g Mehl
1 TL Backpulver

Creme
750 g Naturjoghurt
Waldmeistersirup – Rezept siehe Seite 236
(ersatzweise Puderzucker oder Honig möglich)
8 Blatt Gelatine (oder 1 gehäufter TL Agar Agar)
300 ml Obers
kleines Sträußchen Waldmeister

Erdbeerspiegel
500 g Erdbeeren
3 Blatt Gelatine
(oder ½ TL Agar Agar)

Den Waldmeister ca. einen Tag anwelken lassen. Schlagobers und Waldmeister kurz aufkochen und anschließend im Kühlschrank für ca. 3 Stunden ganz erkalten lassen.

Für den Biskuit Eier, Wasser und Zucker sehr schaumig schlagen. Nach und nach Mehl und Backpulver untermixen. Den Teig auf ein mit Backpapier ausgelegtes Kuchenblech streichen und bei 180 °C (Ober-/Unterhitze) ca. 20 Min. backen, bis die Oberfläche sich leicht zu bräunen beginnt. Kein Vorheizen nötig.

Für die Creme 8 Blatt Gelatine in kaltem Wasser einweichen und den Joghurt mit Waldmeistersirup nach eigenem Geschmack süßen. Anschließend die Gelatine mit 1–2 EL Waldmeistersirup vorsichtig erwärmen und auflösen. 1–2 EL der Joghurtcreme mit der Gelatine vermengen und anschließend zügig unter die Joghurtmasse rühren. Das Schlagobers vorsichtig mit einem Teigspatel unterheben und auf den Biskuitboden streichen. Den Kuchen in den Kühlschrank stellen.

Für den Erdbeerspiegel die restlichen 3 Blatt Gelatine einweichen. Erdbeeren fein pürieren. Gelatine vorsichtig erwärmen, bis sie sich aufgelöst hat, und in die Erdbeersauce rühren. Indes hat die Joghurtcreme sich auf dem Kuchen schon soweit gefestigt, dass der Erdbeerspiegel gleichmäßig aufgetragen werden kann.

Den gesamten Kuchen mindestens 3–4 Stunden im Kühlschrank fest werden lassen.

Knusper-Parfait

mit Waldsauerklee

für 4–6 Personen

80 g Zartbitter- und/oder Vollmilchschokolade (je nach Vorliebe)
1 Zitrone, Saft und Abrieb
3 Eigelb
80 ml Melissensirup
250 ml Schlagobers
2 Doppelhände frische Waldsauerkleeblätter

für die, die es noch süßer wollen, mit gesiebtem Puderzucker nachsüßen

Schokolade im heißen Wasserbad schmelzen und auf Backpapier dünn aufstreichen. Mit der Messerspitze die noch weiche Schokolade in gleichmäßige Rechtecke teilen (dem Eisbehälter angepasst) und kalt stellen.

Die Hälfte des Sirups mit den Sauerkleeblättern pürieren.

Mit dem Mixer das Eigelb über einem heißen Wasserbad cremig aufschlagen, restlichen Sirup, Zitronensaft und -abrieb langsam zufügen. Die Masse so lange cremig aufschlagen, bis sie andickt. Dann vom heißen Wasserbad nehmen und im kalten Wasserbad weiterschlagen, bis die Masse abgekühlt ist.

Schlagobers steif schlagen und vorsichtig unter die Eismasse heben.

Den vorgesehenen Eisbehälter, z. B. eine Kastenform, ggf. mit Backpapier auslegen. Nun abwechselnd die Parfaitmasse und die Schokoladenstreifen in die Form schichten.

Abdeckt für 6–8 Stunden im Tiefkühler fest werden lassen. Ca. 10–15 Minuten vor dem Servieren herausnehmen.

Frühling auf dem Teller

mit Honigvinaigrette

beliebige Menge

Wildkräuter der Saison
im Bild: Vogelmiere, Scharbockskraut, Kriechendes Fingerkraut, Lindenblätter, Buchenblätter, Buchenkeimlinge, Löwenzahn, Waldsauerklee
siehe auch Salatkräuter im Frühling Seite 294

Blüten von Rotklee, Veilchen, Taubnessel, Gänseblümchen, Wiesenschaumkraut und Spitzwegerichknospen
siehe auch essbare Blüten im Frühling Seite 294

Honigvinaigrette

2 Teile Öl
1 Teil Essig oder Zitronensaft
1 TL Senf
1–2 EL Honig
Salz

Wildkräuter waschen und ggf. in mundgerechte Stücke zerteilen.

Für die Honigvinaigrette 1 Teil Zitronensaft oder Essig, 2 Teile Pflanzenöl, Senf, Honig, Salz und Pfeffer in ein Schraubglas geben und kräftig schütteln, bis eine cremige Emulsion entstanden ist. Den Salat mit der Honigvinaigrette marinieren.

Salat mit saisonalem Gemüse mischen und mit essbaren Blüten garnieren.

WISSENSwert

Die Linde war ein Baum des Volkes, sie war Mittelpunkt vieler (Tanz)Feste. Sie gilt als Baum der Liebe, diente aber auch als Gerichtsbaum, wo sie als Gerichtssaal und zugleich als Richtstätte genutzt wurde. Zur Blütezeit ist die Linde eine Bienenweide, wobei es ein wahrer Genuss ist, diesem summenden Orchester zu lauschen.

Frittata mit Wildspinat

und grünem Spargel

für 2 Personen

6 Eier
200 g Spargel
1 kleiner Lauch
ca. 50 g Wildspinat (hier Brennnessel- und Taubnesselspitzen, Wiesenbärenklau, Vogelmiere)
Salz, Pfeffer
Prise Muskat

Wasser zum Kochen bringen und den Wildspinat 2–3 Minuten blanchieren, kalt abschrecken und ausdrücken (z. B. mit einer Kartoffelpresse). Den Wildspinat ggf. grob schneiden.

Grüner Spargel muss nicht geschält werden, lediglich die holzigen Enden abschneiden. Einen Teil des Spargels in kleinere Stücke schneiden. Ein paar Spargelstangen länger lassen, die kommen oben drauf. Den Lauch in Ringe schneiden. Das Gemüse mit dem Wildspinat vermengen und in eine kleine Auflaufform oder ofentaugliche Pfanne geben. Zum Schluss die Spargelstangen darauflegen.

Die Eier verquirlen und mit Salz, Pfeffer und Muskat würzen. Die Eimasse über das Gemüse geben und das Ganze bei 180 °C Ober-/Unterhitze ca. 30–35 Minuten im Ofen backen, bis das Ei gestockt ist und die Frittata leicht zu bräunen beginnt.

Noch mit etwas Vogelmiere garnieren und servieren.

VARIANTEN
gibt es viele. Hier sind der Kreativität keine Grenzen gesetzt. Brennnessel, Taubnessel und Bärenklau wachsen bis in den Herbst hinein. Bärlauch, Weißer Gänsefuß und Giersch eignen sich ebenfalls als Spinat und müssen nicht blanchiert werden.

Für eine mediterrane Frittata lasse ich den Wildspinat weg. Für das passende Aroma verwende ich Quendel und Dost/Wirbeldost. Diese werden fein geschnitten unter die Eier gequirlt. Dazu saisonales Gemüse wie Zucchini, Melanzani und Tomaten.

Wildkräuter-Ravioli

an Walnuss-Quendel-Butter

für 4 Personen

Ravioliteig
Grundrezept siehe Seite 232

Fülle
250 g Ricotta
20 g Wildkräuter der Saison (hier: Quendel, Wirbeldost, Dost, Schafgarbe, Rotkleeblüten)
50 g Walnüsse, gehackt
50 g Parmesan
1 Knoblauchzehe
Salz, Pfeffer

Zum Anbraten
1 Handvoll Walnüsse
etwas Quendel
2–3 EL Butter

essbare Blüten zur Dekoration
Parmesan

Ravioliteig nach Anleitung des Grundrezeptes zubereiten und ca. 30 Minuten zugedeckt im Kühlschrank rasten lassen.

Derweil die Wildkräuter sehr fein hacken (am besten mit dem Wiegemesser), Rotkleeblüten abzupfen. Knoblauch sehr klein schneiden und den Parmesan fein reiben. Nun alle Zutaten zusammen mit dem Ricotta vermengen und mit Salz und Pfeffer würzen.

Den Nudelteig entweder mit dem Nudelholz oder mit der Nudelmaschine sehr dünn auswalken (Nudelmaschine bis Stufe 6–7). Den Nudelteig auf eine bemehlte Arbeitsunterfläche legen. Nun mit einem Teelöffel kleine Häufchen daraufsetzen. Eine zweite Lage Nudelteig darüberlegen und den Teig um die Häufchen fest andrücken, so dass möglichst wenig Luft miteingeschlossen wird (bei zu viel Luft platzen die Ravioli beim Kochen leichter auf.)

Um die Ravioli auszustechen, kann ein Ravioliausstecher benutzt werden. Wer keinen hat, kann die Ravioli einfach in Quadrate schneiden und anschließend die Ränder mit den Zinken einer Gabel fest zusammendrücken.

Die Ravioli für 4–5 Minuten in kochendem Salzwasser garen. In einer Pfanne Butter schmelzen, die Walnüsse und den Quendel dazugeben. Die Ravioli zugeben und leicht anbraten.

Mit Parmesan und Blüten dekorieren und servieren.

Zucchinitarte

mit Wildkräutern

für 1 Springform Ø 26 cm

Mürbteig
250 g glattes Dinkelmehl
250 g Vollkorndinkelmehl
220 g Butter
2 Eier
2–3 EL Milch
¼ TL Salz
½ TL Backpulver

Belag
1 Zwiebel
2 Knoblauchzehen
600 g Zucchini

Käseguss
4 Eier
400 ml Sauerrahm oder Crème fraîche
100 g Parmesan
Salz, Pfeffer
frisch geriebene Muskatnuss
ca. 40 g Wildkräuter der Saison siehe Würzkräuter Seite 299

Alle Zutaten für den Mürbteig vermengen und zu einem glatten Teig kneten. Dieser muss mindestens 30 Minuten im Kühlschrank rasten.

Den Teig auf einer bemehlten Arbeitsfläche ausrollen und die Springform damit auslegen, dabei den Rand hochziehen. Mit einer Gabel den Mürbteig mehrfach einstechen.

Die Zucchini reiben und salzen. Nach kurzer Zeit haben die Zucchini Wasser gezogen, das vor der Weiterverarbeitung ausgedrückt werden sollte.

Zwiebel und Knoblauch in feine Scheiben schneiden und in einer Pfanne glasig andünsten. Zucchini dazugeben und kurz mit anbraten.

Wildkräuter fein schneiden, mit dem Gemüse vermengen und alles gleichmäßig auf dem Mürbteig verteilen.

Für den Käseguss den Parmesan fein reiben. Die Eier mit dem Sauerrahm verquirlen, den Parmesan zufügen und mit Salz, Pfeffer und frisch geriebener Muskatnuss würzen. Den Käseguss gleichmäßig über die Gemüsemischung verteilen.

Im nicht vorgeheizten Ofen bei 180 °C 40–50 Minuten backen, bis die Eimasse gestockt und goldbraun geworden ist.

Wilder Sommersalat

mit Himbeerdressing

beliebige Menge

Wildkräuter der Saison
im Bild: Vogelmiere,
Kriechendes Fingerkraut,
Weißer Gänsefuß,
Gartenmelde, Löwenzahn,
Aufrechter Sauerklee,
Nachtkerze

Blüten von Rotklee, Malve,
Kornblume, Rose
siehe auch essbare Blüten im Sommer Seite 296

Himbeerdressing

1 Handvoll Himbeeren
2 Teile Öl
1 Teil Essig oder Zitronensaft
1 TL Senf
1 EL Honig
Salz

Wildkräuter waschen und ggf. in mundgerechte Stücke zerteilen.
Für die Vinaigrette Himbeeren, 1 Teil Zitronensaft oder Essig, 2 Teile Pflanzenöl, Senf, Honig und Salz mit dem Stabmixer pürieren und damit den Salat marinieren.

Den Salat mit essbaren Blüten und Himbeeren garnieren.

VARIANTE

Probieren Sie weitere fruchtige Dressingvarianten, z. B. mit Erdbeere, Kirsche, Marille, Brombeere oder in den Herbst- und Wintermonaten Apfel und Birne.

Gefülltes Sommergemüse

mit Wildkräuter-Kartoffelsoufflee

für 3–4 Personen

6 kleine Paprika
2 Zucchini

Kartoffelsoufflee
300 g Kartoffeln
2 Eier
100 g Ziegenfrischkäse
50 g geriebener Bergkäse
Salz, Pfeffer, Muskatnuss
1 Handvoll Wildkräuter der Saison

50 g Bergkäse, gerieben zum Überbacken

Die Kartoffeln im Salzwasser kochen und anschließend pellen.

Inzwischen die Wildkräuter sehr fein schneiden. Eier trennen. Die noch warmen Kartoffeln durch eine Kartoffelpresse drücken und zusammen mit Eigelb, Ziegenfrischkäse und den Wildkräutern zu einer homogenen Masse vermengen. Mit Salz, Pfeffer und geriebener Muskatnuss würzen.

Eiweiß steif schlagen und unter die Kartoffelmasse heben.

Von den kleinen Paprika den Deckel abschneiden und vom Kerngehäuse befreien. Die Zucchini in ca. 6 cm lange Stücke schneiden und mit einem Löffel etwas aushöhlen.

Die Souffleemasse in das Gemüse füllen und in eine Auflaufform stellen. Mit etwas Bergkäse bestreuen.

Bei 180 °C Ober-/Unterhitze auf mittlerer Schiene 30–40 Minuten backen, bis das Soufflee aufgegangen und der Käse goldbraun geworden ist.

Dazu passt ein Wildkräutersalat.

TIPP!
Die Gemüsereste, die beim Aushöhlen erzeugt worden sind, können zum Beispiel zu einer Zucchinicremesuppe oder zu einem Ratatouille weiterverarbeitet werden.

Wildkräuterpolenta

mit Gemüse-Hähnchenpfanne

für 2 Personen

Wildkräuterpolenta

100 g Polenta
200 ml Milch
100 ml Schlagobers
Salz, Pfeffer
frisch geriebener Muskat
1 Handvoll Wildkräuter
(hier Quendel, Wirbeldost und Schafgarbe)

Hähnchenpfanne

2 Hähnchenfilets
1 Bund grüner Spargel
250 g Champignons
Salz, Pfeffer

Für die Polenta die Wildkräuter verlesen und klein schneiden. Milch und Sahne mischen, Polenta und Wildkräuter zufügen und alles bei kleiner Hitze köcheln. Mit Salz, Pfeffer und einer Prise Muskatnuss würzen.

Spargel von den holzigen Enden befreien und in ca. 5 cm lange Stücke schneiden. Pilze vierteln. Das Hähnchenfilet in mundgerechte Stücke schneiden und in einer Pfanne mit etwas Öl scharf anbraten. Die Hähnchenstücke aus der Pfanne nehmen und jetzt das Gemüse langsam anbraten, bis der Spargel noch bissfest, aber gegart ist. Das Hähnchen wieder zugeben und alles mit Salz und Pfeffer würzen.

VARIANTEN

Das Gericht lässt sich leicht variieren. Die Wildkräuter können beliebig erweitert oder ausgetauscht werden. Spitzwegerich und Gundelrebe verleihen der cremigen Polenta ebenfalls ein schönes Aroma.

Abwechslungsreich wird es durch saisonales Gemüse. Im Sommer wird es durch Zucchini, Paprika und Melanzani mediterran. Und auch ganz ohne Fleisch ist es ein Genuss.

Zucchini-Involtini

mit Kräuterpaste und Mozzarella

für 4 Personen

3 Zucchini
2 Mozzarella
Wildkräuterpaste siehe Seite 240

Salsasauce
siehe Rezept Seite 243

Zucchini in dünne Längsstreifen schneiden, max. 2 mm dick. Die Zucchinischeiben auf einen Teller legen und salzen, beiseitestellen.

Mozzarella in Stifte schneiden.

Die Zucchini haben Wasser gezogen, daher mit Küchenkrepp zuerst abtupfen, dann dünn mit Wildkräuterpaste bestreichen und mit einem Mozarellastückchen einrollen. Diesen Vorgang mit allen Zucchinischeiben wiederholen.

In einer Pfanne wenig Öl erhitzen und die Zucchini-Involtini rundherum anbraten.

Mit Salsasauce servieren.

VARIANTE
Anstatt der Zucchini können auch Melanzani verwendet werden. Abwechslung bringt auch eine Bärlauch- oder Gundelrebenpaste.

Grüne Burger

mit Wildkräutern

für 4 Burger

Buns
siehe Grundrezept Seite 46

Fülle
500 g Rinderfaschiertes
3 rote Paprika
Salatwildkräuter, z. B. Vogelmiere, Löwenzahn, Lindenblätter, Kriechendes Fingerkraut, Sauerampfer, Kapuzinerkresse, Wiesenlabkraut, Waldsauerklee

Zwiebel-Zwetschken-Chutney
2 Zwiebeln
Zwetschken
60 ml Balsamico
2 EL Honig
Salz, Pfeffer
Chiliflocken nach Belieben

Für das Chutney Zwiebeln halbieren und in feine Scheiben schneiden. Zwetschken entkernen und vierteln.

Die Zwiebeln in etwas Öl in einer Pfanne anbraten, bis sie leicht braun sind. Zwetschken zugeben, kurz mitanbraten und mit dem Balsamico ablöschen. Das Ganze bei kleiner Hitze einköcheln, bis der Essig verkocht ist und das Chutney eine sämige Konsistenz hat. Mit Salz, Pfeffer und nach Belieben mit Chiliflocken würzen.

Paprika entkernen und in grobe Stücke schneiden. In einer Pfanne mit wenig Öl anbraten.

Das Faschierte zu vier flachen Laibchen formen und ebenfalls in der Pfanne mit wenig Öl anbraten, anschließend von beiden Seiten mit Salz und Pfeffer würzen.

Die grünen Buns aufschneiden, mit den gebratenen Paprika, den faschierten Laibchen, dem Chutney und dem Wildkräutersalat schichtweise belegen. Deckel drauf und genießen!

VARIANTE
Anstatt des Zwetschkenchutneys passt auch sehr gut ein Apfelchutney oder die Melanzani-Quendel-Salsa von Seite 162

Zupfbrot

mit Wildkräutern

für 1 Kastenform

Brotteig Grundrezept
250 g glattes Dinkelmehl
150 g glattes Roggenmehl
8 g Germ (frisch)
8 g Salz
1 EL Öl
150 g kalte Milch
150 g Wasser

Wildkräuterpaste
siehe Seite 240

Am Vorabend zubereiten.

Alle Zutaten in eine Schüssel geben und ca. 5 Minuten mit den Knethaken des Mixers kneten. Durch das lange Kneten verändert sich die Konsistenz, der Teig wird glatter und straffer und hat nach dem Backen eine bessere Krume. Den Teig nun abgedeckt über Nacht in den Kühlschrank stellen. Durch die langsame Übernachtgare hat der Teig mehr Zeit, sein Aroma zu entfalten und ist durch einen geringeren Einsatz von Germ bekömmlicher.

Am nächsten Tag weiterverarbeiten. Den Teig auf eine bemehlte Arbeitsfläche geben und nicht mehr durchkneten. Den Teig zu einem großen Rechteck, ca. 0,5–1 cm dick, ausrollen.

Die Wildkräuterpaste gleichmäßig auf dem Teig verteilen. Nun das große Rechteck in gleichmäßige Streifen schneiden, die der Breite der Kastenform entsprechen. Die Streifen aufeinanderlegen und zu rechteckigen Paketen schneiden. Diese Pakete hintereinander in die Kastenform legen und anschließend 20 Minuten rasten lassen.

Im Backofen eine Schale Wasser platzieren und auf 200 °C Ober-/Unterhitze vorheizen. Das Zupfbrot auf mittlerer Schiene ca. 20–30 Minuten backen.

TIPP!
Bei Zubereitung ohne Übernachtgare die Germmenge auf 15 g und das Dinkelmehl auf 280 g erhöhen und wie gewohnt ca. 1 Stunde gehen lassen.

Winter

Schneeflöckchen Weißröckchen

Winter – die Natur erscheint noch immer nackt und verwundbar, hüllt sich in Schweigen. Es ist leise überall, so auch im Wald – kein Blätterrauschen, nur ab und zu ein Rascheln der Amseln im Unterholz – alles ist ganz still und leise. Die meisten Tiere haben sich in ihren Unterschlüpfen zurückgezogen, manche halten sogar einen Winterschlaf. Eine Ruhe, die wir Menschen auch nötig hätten. Es erscheint mir so, als würden die Wälder und Felder, die Gärten und Haine, die Moore und Seen schlafen und dabei träumen, vielleicht vom nächsten Frühling oder Sommer. Es ist ein Traum aus tausend Träumen zusammengesetzt. Alle träumen für sich und doch gemeinsam, ganz leise, ganz sanft.

Es ist eine ruhige, aber auch kalte Zeit. Eine Zeit der kurzen Tage und langen Nächte. Viele Menschen beklagen sich jedoch über die zunehmende Dunkelheit. Es soll am besten immer Sommer sein, sonnig und heiter. Doch zum Glück kann der Mensch den Jahreslauf nicht steuern. Und schon seit Urzeiten ist dies der natürliche Kreislauf in unseren Breitengraden.

Die Dunkelheit ist sehr negativ besetzt und ruft in vielen Menschen eine Abwehrhaltung hervor. Aber warum? Warum hat das Licht einen so viel höheren Stellenwert als die Dunkelheit? Denn, vereinfacht gesagt, geht es immer um ein Gleichgewicht, auch zwischen Tag und Nacht.

Wie ein dunkler Schleier legt sie sich über alles, versteckt Details und verschluckt die Farben. Des Nachts ist alles nur schemenhaft und ungenau zu erkennen. Diese Unschärfe raubt manch einem die Orientierung und löst Ängste aus. Sie ist dem Nebel ähnlich, umhüllt, schließt ein, kriecht unter die Haut. Alles scheint verschwommen, nichts von Klarheit gezeichnet. Dieses Nichtsehen macht verletzlich(er), vieles bleibt ungesehen, unmerklich, anonym, schlummert im Geheimen. Doch wenn das Sehen nicht möglich ist, ist dies zugleich auch eine Chance und ein Geschenk für unsere anderen Sinne, die ja oft schon recht verkümmert sind. Für die Sinne ist die Dunkelheit ein Lehrmeister, der zu mehr Achtsamkeit anregt. Intuition, Instinkt und Vertrauen sind gefragt. Die Dunkelheit bringt nichts zum Verschwinden, sie macht das, was da ist, unsichtbar und scheint es unter ihrem dunklen Mantel zu verstecken. Sie zwingt zu Langsamkeit und Aufmerksamkeit. Zwei Eigenschaften, die uns in der heutigen Zeit und Gesellschaft beinahe fremd geworden sind.

Die Dunkelheit ist wie eine Mutter, die alles gebärt. Und trotzdem wird sie nicht geschätzt. Ganz im Gegenteil, mit immer mehr künstlichen Lichtwelten soll die Dunkelheit vertrieben werden und die

Nacht wird zum Tag gemacht. Wobei das aus meiner Sicht zweierlei Gründe hat. Zum einen macht die Dunkelheit Angst. Zum anderen wächst der Leistungsdruck in der Gesellschaft. Es darf keine Zeit verloren werden, denn Zeit ist Geld. Elektrisches Licht ist ein Riesenfortschritt und erleichtert vieles. Aber es wird auch gnadenlos verschwendet.

Die Dunkelheit gehört ebenso wie das Licht zum Leben. Es geht um Balance und Harmonie. Das eine gibt es nicht ohne das andere. Und beide sind gleichermaßen für das Leben von Bedeutung. Der Tag schenkt Licht und Wärme, er schenkt Farben, Formen und Strukturen, er macht vieles sichtbar. Doch der Blick himmelwärts wird entweder von Wolken oder vom Azurblau des Himmels begrenzt. Die Nacht hingegen beinhaltet den Zauber des kleinen Lichtes. Die Dunkelheit gestattet einen Blick ins Universum und lässt mich das weite MEHR erahnen.

Wintersonnenwende, der Höhepunkt der Dunkelheit, und wie es der Name schon verrät, ist es ein Wendepunkt. Von da an gewinnt das Licht täglich ein paar Minuten hinzu. Ein Mehr an Licht, das aufatmen lässt. An manchen Tagen lüftet der Himmel sein Wolkenbett, er schüttelt es kräftig aus. Milliarden kleiner und großer Schneeflocken tanzen herab und decken die Erde zu. Wie ein weißes Federbett bedeckt der Schnee den Boden und schützt dessen verborgene Schätze. Er lässt ruhen, was ruhen soll. Der Schnee (vorausgesetzt Frau Holle meint es gut mit uns) lässt selbst trübe Tage heller wirken, er verstärkt die Helligkeit, die nun mit jedem Tag zunimmt und den kommenden Frühling erahnen lässt. An manchen Tagen glitzert und funkelt es überall, als hätte die Sonne der Erde ein diamantenes Ballkleid übergezogen. Ein Zauber liegt in der Luft und verwandelt die Natur in ein eisiges Gemälde. Jeder Ast, jeder Grashalm, jeder Gartenzaun, einfach alles ist ummantelt von Abertausenden winzigkleinen Eiskristallen. Ein Meisterwerk des Unmöglichen. Ein Zauberland, das zum Träumen einlädt. Diese Schöpfung kann nur von einer Künstlerin erschaffen werden – der Natur.

Diese winzigkleinen gefrorenen Eisskulpturen bedecken das Land und schützen alles, was darunter geborgen liegt – Pflanzen und Samen, damit die eiskalten Winde des Winters und der Frost ihnen nichts anhaben können. Schnee, so kalt er auch ist, wärmt. Er ist wie eine Daunenbettdecke. Und mit dem Ausbreiten seines weißen Tüchleins legt er eine Schicht Sanftheit ab. Alles wirkt friedlicher, stiller und sanfter. Der Schnee rundet harte Konturen ab. Doch zugleich setzt er aber auch Kontraste, harte Kontraste, taucht das Land in Schwarz und Weiß, zeigt Strukturen und Muster. Schnee vereinigt das Sanfte und die Härte, die Wärme und die Kälte, das Chaos und die Ordnung in sich. Schnee offenbart eine Ordnung, die sich nicht nur in ihrer Gesamtheit zum Ausdruck bringt, sondern auch in jedem einzelnen Eiskristall. Jeder Schneekristall ist ein wunderschönes geometrisch-künstlerisches Unikat. Die Anatomie eines Eiskristalls erinnert an einen Stern, wobei jeder individuell einzigartig ist, aber immer 6-strahlig. Wie macht die Natur das, dass sie ohne Winkelmesser und Computer solch exakte Wunderkreationen im Nanobereich erschafft? Unzählige winzigkleine Sternchen rieseln zu uns herab und verbreiten den Winterzauber. Also doch ein bisschen Himmel auf Erden(?). Doch ein einzelner Eiskristall ist noch lange kein Schnee. Erst zusammen in einer scheinbar bunt zusammengewürfelten (chaotisch wirkenden) Gemeinschaft fallen sie als große und kleine, dicke und dünne

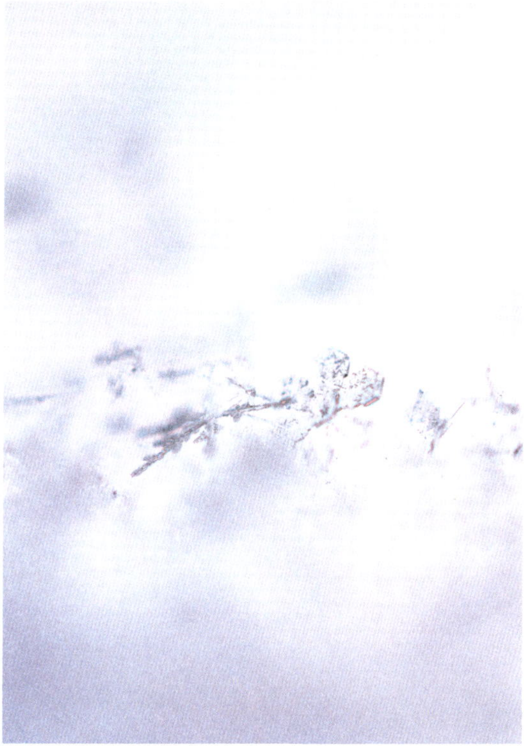

Flocken herab und lassen Kinder zu Schneekönigen werden, während zeitgleich viele Erwachsene nur noch an das drohende Chaos auf den Straßen denken können. So zeigt sich plötzlich der Winter von seiner lebhaften Seite. Schneeballschlachten, Rodeln, Skifahren, Schneemannbauen – der Winter hat jede Menge Spaß zu bieten.

Wie viele Schneekristalle sind in einem Schneeball und wie viele in einem Schneemann? Millionen, Milliarden, Billionen? Die Antwort bleibt uns wohl Frau Holle schuldig.

Grundrezepte

Nudelteig

für Ravioli und Co

für 3–4 Personen

Grundrezept

2 Eier
200 g Mehl
2 EL Öl

für grünen Nudelteig

zusätzlich
20–30 g Brennnesselspitzen oder Vogelmiere

Alle Zutaten zu einem glatten Teig verkneten. Der Teig soll glänzend und elastisch sein. Je nach Größe der Eier kann der Teig auch mal zu weich werden. In diesem Fall einfach noch etwas Mehl zugeben, bis die Konsistenz passt. Den Teig zugedeckt mindestens 30 Minuten im Kühlschrank ruhen lassen.

Variante – grüne Nudeln

Dafür werden die Brennnesselspitzen 3–4 Minuten blanchiert und anschließend fest ausgedrückt (am besten mit einer Kartoffelpresse). Die Brennnesseln nun mit den Eiern ganz fein pürieren und dann mit den restlichen Zutaten verkneten. Oft braucht es ein bisschen Mehl zusätzlich.

Vogelmiere muss nicht blanchiert werden und kann direkt mit den Eiern püriert werden.

Weitere Verarbeitung

Für Parpadelle und Tagliatelle den Teig mit der Nudelmaschine oder auf einer bemehlten Arbeitsfläche dünn ausrollen und in Streifen schneiden. Pasta 2–3 Minuten in kochendem Salzwasser garen.

Gut geeignet sind z. B. Blätter von Schafgarbe, Gundelrebe, Gänseblümchen, Fingerkraut, Brennnessel, Sauerklee Blütenblätter von Rose, Ringelblume, Sonnenblume, Mohn, Malve, Storchschnabel

Blüten- und/oder Kräuternudeln

Es lassen sich auch wunderbar Wildkräuter mit in den Teig einarbeiten. Dafür kleine flache Blüten oder Blätter sammeln. Den Teig am besten mit der Nudelmaschine dünn ausrollen. Die Blättchen darauf verteilen und eine 2. Lage Nudelteig darüberlegen. Nun noch mal durch die Nudelmaschine drehen oder recht fest mit dem Nudelholz darüberrollen.

TIPP!
Die noch ungekochten Ravioli können auch eingefroren werden. Damit sie nicht miteinander verkleben, am besten Backpapierstreifen einlegen. Die Ravioli direkt gefroren in kochendes Wasser geben und garen.

Ravioli

Den Nudelteig dünn ausrollen – idealerweise mit Nudelmaschine.

Variante 1:

① Auf die eine Seite der Nudelplatte kleine Häufchen der Raviolifülle setzen. Anschließend den Teig über die Häufchen klappen und fest andrücken, sodass möglichst keine Luftblasen entstehen und der Teig beim Kochen nicht aufplatzt.

Variante 2:

② Häufchen in die Mitte des Teiges setzen und eine zweite Lage Nudelteig darübergeben. Nun die Häufchen fest andrücken.

③ Nun in Quadrate schneiden und rundherum mit der Gabelspitze die Ränder andrücken oder Ravioliausstecher benutzen.

In einem großen Topf Wasser kochen und salzen. Die Ravioli 3–4 Minuten garen.

mit einer
Lage Nudelteig
umklappen und
fest andrücken
1

2 Lagen Nudelteig
übereinanderlegen
und fest andrücken
2

ausschneiden
und mit
der Gabel
verschließen
ODER
ausstechen
3

Blütensirup

Grundrezept

ergibt knapp 3 Liter

2 l Wasser, kalt
2 kg Zucker
2 Bio-Zitronen
35 g Zitronensäure
Blütenmenge variiert je nach Art

TIPP!
Bei Rosenblüten- oder Lavendelsirup gebe ich gerne eine halbe Vanilleschote mit hinzu. Das rundet den Geschmack ab.

Zucker und Zitronensäure in einen Topf geben, die Blüten daraufgeben und mit dem Wasser übergießen. Zitronen in Scheiben schneiden und dazugeben. Das Ganze an einem kühlen Platz 3 Tage stehen lassen und 1–2 Mal täglich umrühren.

Die Flaschen sterilisiere ich im Backofen bei 100 °C ca. 15 Minuten. Die Deckel übergieße ich mit kochendem Wasser.

Anschließend durch ein Tuch abseihen. Damit sich der Sirup länger hält, erhitze ich ihn auf 70 °C und fülle ihn danach in Flaschen ab.

Der Sirup hält sich ca. ein Jahr. Teilweise verliert er mit der Zeit die Farbe. Zum Beispiel Veilchen oder Rosensirup verblassen leider, aber der Geschmack bleibt zum Glück erhalten.

Bei Blüten mit viel ätherischen Ölen wie z. B. Rose oder Lavendel bitte vorsichtig dosieren. Ein Zuviel kann das Aroma seifig werden lassen und der Geschmack des Sirups erinnert dann eher an ein Duschbad. Hier gilt das Motto „Weniger ist mehr“.

VARIANTE
Wer statt Zitronensäure lieber Zitronensaft verwenden möchte, benötigt für das angegebene Rezept mindestens 400 ml Zitronensaft. Zudem verkürzt sich die Haltbarkeit auf ca. 6 Monate. Wird der Sirup jedoch heiß in Flaschen mit Twist-off-Deckeln eingeweckt, habe ich auch eine Haltbarkeit von einem Jahr erreicht. Nach dem Öffnen sollte der Sirup nur im Kühlschrank gelagert und rasch aufgebraucht werden.

Veilchen
Sirup

Hollerblütenzucker

mit intensivem Aroma

individuelle Menge

1 Tasse Zucker
1 Tasse Holunderblüten

Zucker und frische Holunderblüten, nur die Blüten, keine grünen Teile, miteinander in der Küchenmaschine pürieren. Der Zucker wird dadurch braun und feucht.

Die Zuckermasse auf ein mit Backpapier ausgelegtes Backblech streichen und bei maximal 50 °C im Ofen trocknen. Die Backofentür einen Spalt offen lassen, damit die Feuchtigkeit entweichen kann.

Hinterher ist der Hollerzucker sehr klumpig. Ich püriere ihn einfach noch ein zweites Mal mit der Küchenmaschine.

Hollerblütenmehl

zum Aromatisieren

individuelle Menge

1 Tasse Mehl
1 Tasse Holunderblüten

Mehl und frische Holunderblüten ohne Stiele miteinander in der Küchenmaschine pürieren. Das Mehl wird dadurch leicht feucht, daher muss es wieder getrocknet werden, entweder Freiluft oder bei maximal 50 °C im Ofen. Anschließend in ein Glas füllen und gut verschließen, damit das Aroma erhalten bleibt.

Erdbeermarmelade

mit Hollerblütenaroma

je nach Glasgröße

500 g Erdbeeren
2 EL getrocknete Hollerblüten oder frische Blüten von 5 Dolden
3 EL Zucker
150 g Gelierzucker 3:1

Die Erdbeeren putzen und vierteln, mit 3 EL Zucker vermengen und Saft ziehen lassen. Diesen Saft abseihen und mit den Holunderblüten kurz aufkochen und anschließend ca. 20–30 Minuten ziehen lassen. Den Erdbeersaft abseihen und wieder zu den Früchten geben. Gelierzucker zugeben und aufkochen. Für eine feinere Konsistenz kann die Marmelade mit dem Zauberstab püriert werden.

Wildkräuterpaste

variabel

für 1 kleines Glas

50 g Wildkräuter der Saison
150 ml gutes Pflanzenöl

Die Wildkräuter sauber sammeln und nicht waschen, da sich Öl und Wasser nicht gut vertragen. Die Kräuter grob zerkleinern, etwas Öl hinzugeben und mit dem Pürierstab pürieren. So viel Öl zufügen, dass eine noch streichfähige Paste entsteht. Diese dann in kleine Gläser abfüllen, noch einmal ein paar Tropfen Öl daraufgeben und verschließen.

Im Kühlschrank hält sich die Wildkräuterpaste meistens 4–6 Monate.

Wildkräutersalz

für 1 mittleres Glas

30 g Wildkräuter der Saison
300 g Salz

Wildkräuter und Salz in einen Multizerkleinerer geben und fein pürieren. Das Salz färbt sich dadurch grün und saugt die ganzen Pflanzensäfte auf. Das nasse Salz auf ein Backblech geben und trocknen, entweder Freiluft, aber schattig, oder im Backofen bei maximal 40–50 °C mit leicht geöffneter Türe, damit die Feuchtigkeit entweichen kann.

Streuselvariationen

mit verschiedenen Aromen

für 1 Blech

Knusperstreusel
70 g Haselnüsse, gerieben
70 g Haferflocken
70 g Mehl
120 g Zucker
140 g Butter oder Kokosfett
3–4 EL Brennnesselsamen

Butterstreusel
140 g Butter
80–100 g Zucker
200 g Mehl
Abrieb 1 Zitrone

mit Blütenaroma
140 g Butter
80–100 g Blütenzucker
(Rose, Holler)
200 g Mehl

Schokostreusel
140 g Butter
80–100 g Zucker
30 g Backkakao
170 g Mehl

Jeweils alle Zutaten miteinander zu einer krümeligen Masse vermengen und anschließend für 30 Minuten in den Kühlschrank stellen.

TIPP!
Holunderblütenstreusel passen gut zu Apfel und Birne.
Rosenblütenstreusel passen gut zu Pfirsich und Marille.
Schokostreusel passen gut zu Kirschen.

Bärlauchmehl

zum Aromatisieren

je nach gewünschter Menge

300 g glattes Dinkelmehl
50–100 g Bärlauch, je nach gewünschter Intensität

Bärlauch zusammen mit dem Mehl in eine Zerkleinerermaschine geben und fein pürieren. Das Mehl färbt sich dadurch dezent grün und saugt das Bärlaucharoma auf.

Das Mehl wird dadurch leicht feucht. Um es wieder zu trocknen, kann es in den Backofen gegeben werden, bei maximal 50 °C und leicht geöffneter Türe, damit die Feuchtigkeit entweichen kann. Anschließend in ein Glas füllen und gut verschließen, damit das Aroma erhalten bleibt.

Bei mir hat das Mehl sogar etwas länger als ein Jahr sein wunderbares Aroma gehalten.

TIPP!
Mit dem Grundrezept vom Zupfbrot auf Seite 223 lassen sich auch Bärlauchweckerl backen. Dazu nur das glatte Dinkelmehl gegen Bärlauchmehl austauschen und nach der Übernachtgare zu kleinen Weckerln formen. Bei 200 °C 15–20 Minuten backen.

Salsasauce

mit Tomaten und Paprika

für 2 Gläser (à 200 ml)

2 rote Paprika
1 Zwiebel
2 Knoblauchzehen
500 g Tomaten oder 1 Dose Bio-Tomaten (Stücke)
1 EL Tomatenmark
2 EL Balsamicoessig
1 TL Honig
Salz, Pfeffer
Chiliflocken
Öl

Die Tomaten horizontal halbieren und mit der Schnittseite nach oben in einen Bräter legen. Mit ein wenig Öl beträufeln, salzen und je mit 1 Tropfen Honig bestreichen. Nun bei 200 °C mittlerer Schiene die Tomaten im Ofen ca. 20–30 Minuten garen.

Derweil Zwiebel und Paprika in kleine Würfel schneiden. Den Knoblauch ganz fein schneiden.

In einem Topf Zwiebel in wenig Öl andünsten. Paprika und Knoblauch zufügen und kurz mit anbraten. Mit Balsamicoessig ablöschen. Nun die Ofentomaten zufügen. Mit Salz, Pfeffer und Chiliflocken je nach gewünschter Schärfe würzen. Tomatenmark unterrühren und die Salsa ein paar Minuten einreduzieren lassen.

Sauerrahmdip

mit Wildkräutern

für 4 Personen

200 g Sauerrahm
Salz, Pfeffer
Wildkräuter der Saison siehe
Würzkräuter Seite 299

Wildkräuter sehr fein hacken und mit dem Sauerrahm vermengen. Mit Salz und Pfeffer würzen.

VARIANTEN:
Variieren Sie den Dip, indem Sie Einzelkräuter verwenden, z. B. nur Quendel oder nur Sauerampfer.

Zitronen-Quendel-Öl

für eine besondere Note

für 200 ml Öl

200 ml Olivenöl
2 Bio-Zitronen
1 Handvoll Quendel

Die Zitronen waschen, trocknen und dünn abschälen. Die Zitronenschalen zusammen mit dem Quendel in ein weithalsiges Glas geben und mit dem Olivenöl aufgießen. Da der frische Quendel wie auch die Zitronenschale noch Wasser enthalten, sollte das Glas nicht fest verschlossen, sondern mit einem Tuch abgedeckt werden. Das Kräuteröl an einem warmen Ort 4 Wochen ziehen lassen.

Danach abseihen und in eine saubere Flasche füllen.

Mit diesem aromatischen Öl können Salatdressings verfeinert werden oder es kann auch Fleisch mariniert werden.

VARIANTE

Auf diese Weise können auch andere Kräuteröle angesetzt werden. Vor allem Kräuter, die ätherische Öle enthalten wie viele Lippenblütlergewächse, geben ihr Aroma an das Öl ab. Empfehlenswert ist Rosmarin, Lavendel, Gewöhnlicher Dost und Wirbeldost sowie Salbei.

Pflanzen Steckbriefe

Bärlauch

Allium ursinum (Lauchgewächs)

Nutzbare Pflanzenteile: Blätter und Blüten
Verwendung: Salat, Kochgemüse, essbare Blüten zur Dekoration, Knospen eingelegt als Kapernersatz
Geschmack: erinnert stark an Knoblauch, leicht scharf
Sammelzeit: Blätter von März bis April, Blüten April bis Mai
Vorkommen: feuchte Waldränder, Auwälder

Merkmale: Blätter lanzettlich, Oberseite glänzend, Unterseite matt, treten immer einzeln mit langem dünnen Blattstiel aus dem Boden, ausgeprägter Mittelnerv
Blüten sind weiß, strahlenförmig, in einer Scheindolde; Knospen oft schon sichtbar; ganze Pflanze riecht nach Knoblauch
Verwechslungsmöglichkeiten: Herbstzeitlose, Maiglöckchen

Maiglöckchen

Convallaria majalis

Blätter: (fast) immer zwei Blätter pro Stängel Oberseite leicht bläulich-grün, Unterseite glänzend, Blattscheide rötlich, im Gegenlicht liniert – viele feine Streifen sichtbar
Blüten: weiß, glockenförmig; endständig langgestielte Traube, stark duftend
Blütezeit Ende April – Juni
Pflanze ist insgesamt derber als Bärlauch
Vorkommen: Laubwälder und Gärten

ACHTUNG: SEHR GIFTIG

Herbstzeitlose

Colchicum autumnale

Blätter: dickfleischig, Ober- und Unterseite glänzend, haben keinen ausgeprägten Mittelnerv, rosettenartig ineinander verschachtelt ähnlich dem Lauch/Porree, besitzen keinen Blattstiel
Blüten: rosa-lila, ähneln Krokussen
Blütezeit im Herbst ohne Blätter
Pflanze ist insgesamt derber als Bärlauch
Vorkommen: Wiesen und Auwälder

ACHTUNG: TÖDLICH GIFTIG

Bitteres Schaumkraut

Cardamine amara (Kreuzblütler)

Nutzbare Pflanzenteile: Blätter, Blüten, junge Triebe, Samen
Verwendung: Salat, Würzkraut
Geschmack: stark kresseartig, scharf, leichte Bitternote
Sammelzeit: (Januar) Februar bis April, oft treibt es nochmal im Oktober/November aus
Vorkommen: waldige Bachufer
Merkmale: niedrig wachsende Pflanze; unpaarig gefiederte Blätter; Stängel mit Mark gefüllt; weiße Blüten mit violetten Staubgefäßen
Verwechslungsmöglichkeiten: Echte Brunnenkresse (Nasturtium officinale)
Die Pflanzen unterscheiden sich äußerlich nur in kleinen Details. Die Echte Brunnenkresse hat einen hohlen Stängel und gelbe Staubgefäße.

Breitwegerich

Plantago major (Wegerichgewächse)

Nutzbare Pflanzenteile: Blätter, Blütenknospen, unreife noch grüne Samen
Verwendung: Salat, Kochgemüse
Geschmack: Blütenknospen nussig bis spargelähnlich, dezentes Pilzaroma, Blätter mild, aber etwas zäh, deshalb besser ganz junge Blätter verwenden
Sammelzeit: Blätter ab März; Blütenknospen Ende Juni bis September; Samen ab Juli
Vorkommen: Wege und Wegränder

Merkmale: bodenanliegende Blattrosette, breite eiförmige Blätter, längsverlaufende Blattadern; derber Stängel mit endständiger Blütenähre; Blüten unscheinbar, längere Staubblätter
Verwechslungsmöglichkeiten: evtl. mittlerer Wegerich vor der Blüte

Brennnessel

Urtica dioica (Nesselgewächse)

Nutzbare Pflanzenteile: Blätter, junge Triebe, Samen
Verwendung: Kochgemüse, wie Spinat verwendbar; zum Färben von pikanten und süßen Gerichten; Samen, z. B. als Brotbelag, im Brotteig, in Kuchen und Aufstrichen
Geschmack: mild, ähnlich dem Spinat Samen sind etwas knackig, leicht nussiges Aroma
Sammelzeit: Jungpflanzen von März bis Juni, sonst am besten nur die oberen Triebspitzen verwenden; Samen ab Juli bis Oktober
Vorkommen: Weg- und Waldränder, Schuttplätze, Gärten; liebt stickstoffreiche Böden und dient daher auch als Stickstoffanzeiger
Merkmale: kreuzgegenständig angeordnete Blätter; Blätter und Stängel mit Brennhaaren; Blattrand gezähnt; Stängel vierkantig gerillt; unscheinbare winzige Blüten an Rispen; zweihäusig = es gibt männliche und weibliche Pflanzen
Verwechslungsmöglichkeiten: Taubnessel, diese brennt aber nicht

Ferkelkraut

Hypochaeris radicata (Korbblütler)

Nutzbare Pflanzenteile: Blüten und Blätter
Verwendung: Blätter und Blüten für Salat
Geschmack: Blätter angenehm salatartig
Sammelzeit: Blätter ab März (noch vor dem echten Löwenzahn), Blüten ab Mai
Vorkommen: Fettwiesen (Gartenwiese)
Merkmale: Blätter sind oft glänzend und dickfleischig, manchmal auch behaart, in einer Blattrosette am Boden anliegend; Im Unterschied zum Rauen Löwenzahn ist der Blütenstängel der Ferkelkräuter verzweigt.
Verwechslungsmöglichkeiten: mit anderen Ferkelkräutern, die in gleicher Weise verwendbar sind und mit dem Rauen Löwenzahn

Gänseblümchen

Bellis perennis (Korbblütler)

Nutzbare Pflanzenteile: Blüten, Blätter, Knospen
Verwendung: Salatpflanze, essbare Blüten zur Dekoration, Knospen eingelegt als Kapern
Geschmack: mild, leicht nussig, ähnlich dem Vogerlsalat, jedoch eine Spur herber
Sammelzeit: ab März bis November
Vorkommen: Fettwiesen, Gärten
Merkmale: mittig gelbe Röhrenblüten, zweireihig umrandet mit weißen Zungenblüten, teilweise zeigen die Zungenblüten an den Spitzen eine magentarote Färbung; Blätter in einer Blattrosette am Boden aufliegend; Blätter spatelförmig
Verwechslungsmöglichkeiten: keine
Wissenswert: Das Gänseblümchen ist auch unter den (vergessenen) Volksnamen Maßliebchen, Sonnentürchen oder Tausendschön bekannt.

Gewöhnlicher Dost

Origanum vulgare (Lippenblütler)

Nutzbare Pflanzenteile: Blätter, Blüten
Verwendung: Würzkraut
Geschmack: würzig intensiv, milder als der mediterrane Oregano
Sammelzeit: April bis Oktober (Blütezeit ab Juni/Juli)
Vorkommen: kalkreiche Standorte, trockene und lichte Wälder, sonnige Hänge, oft an Wegrändern am Berg, Magerwiesen
Merkmale: insgesamt sehr ähnlich dem mediterranen echten Oregano, nur größer bis 70 cm hoch; vierkantiger Stängel (Merkmal aller Lippenblütler); Blätter gegenständig angeordnet, eiförmig zugespitzt; endständige Scheindolde mit vielen rosavioletten Lippenblüten
Verwechslungsmöglichkeiten: vor der Blüte mit Wirbeldost (siehe Seite 293)
Wissenswert: Der Dost wird von Schmetterlingen wie dem Taubenschwänzchen und Bienen sehr geliebt.

Giersch

Aegopodium podagraria (Doldenblütler)

Nutzbare Pflanzenteile: Blüten, Blätter, je jünger, desto besser
Verwendung: junge Blättchen im Salat, Kochgemüse
Geschmack: eigenes Aroma, wird mit der Saison immer intensiver
Sammelzeit: April bis Oktober
Vorkommen: Waldränder, Wälder, Gärten
Merkmale: Der Giersch mag die Dreiheit. Dreiteilig gefiederte Blätter, dreieckiger Stiel; weiße Doldenblüte

Verwechslungsmöglichkeiten: mit anderen Doldenblütlern wie Engelwurz (ebenfalls verwendbar)
Wissenswert: Der Giersch wuchert und ist nicht totzukriegen, er zeugt von extremer Widerstandsfähigkeit (gegen alle Bekämpfungsarten).
Volksnamen sind Geißfuß/Ziegenfuß oder Dreiblatt, Wiesen- oder Erdholler.

Gundelrebe

Glechoma hederacea (Lippenblütler)

Nutzbare Pflanzenteile: Blätter, Blüten
Verwendung: Würzkraut
Geschmack: herb, etwas an Petersilie erinnernd, im Nachgeschmack minzig, Blüten leicht süßlich
Sammelzeit: Blüten im März–April, Blätter fast das ganze Jahr über
Vorkommen: Gebüsche, Zäune, liebt Gartenbeete, Fettwiesen
Merkmale: bodendeckend, kriechend, nur zur Blütezeit richtet sie sich auf; vierkantiger Stängel (wie alle Lippenblütengewächse); Blattform rundlich, behaart, leicht glänzend am Stielansatz ausgebuchtet, gegenständig angeordnet; kleine lilafarbene Blüten aus den Blattachsen entspringend
Verwechslungsmöglichkeiten: keine
Wissenswert: Die Gundelrebe wurde auch als Soldatenpetersilie oder Petersilie des kleinen Mannes bezeichnet.
Die Gundelrebe ist mit Minzgewächsen verwandt.

Hirtentäschel

Capsella bursa-pastoris (Kreuzblütler)

Nutzbare Pflanzenteile: Blätter, insbesondere Grundblätter, Blütenstände, Samen
Verwendung: Salat, Würzkraut
Geschmack: milde Schärfe, kresseartig, erinnert an Rucola
Sammelzeit: ganzjährig (überwintert mit Blattrosette)
Vorkommen: Äcker, Wege, Schuttplätze, Gärten

Merkmale: Blattrosette am Boden aufliegend, Blattformen recht unterschiedlich von tief gekerbt bis fast ganzrandig; Blüten mit 4 weißen Kronblättern (typisch für Kreuzblütengewächse); Samenstände in Herzform = das typische Merkmal des Hirtentäschel
Verwechslungsmöglichkeiten: Grundblätterrosette erinnert an Löwenzahn, Stängel jedoch mit kleinen Samen in Herzform

Indisches Springkraut

Impatiens glandulifera (Balsaminengewächse)

Nutzbare Pflanzenteile: Blüten und Samen
Verwendung: Blüten im Salat, gekocht als Gelee; Samen als Knabberei
Geschmack: Blüten mild, leicht süßlich; Samen schmecken nach frischer Walnuss
Sammelzeit: Blüten Juli bis Oktober; Samen September bis Oktober
Vorkommen: feuchte Waldgebiete, Auen, eher schattig
Merkmale: dreiteilig quirlständige Blätter, Einzelfieder lanzettlich gespitzt und fein gezahnt; Blüten von weiß, rosa bis purpurrot; Kapselfrüchte, springen bei Erschütterung oder leichtem Druck auf und schleudern ihre Samen hinaus
Verwechslungsmöglichkeiten: während der Blütezeit keine, im Anfangsstadium mit dem giftigen Hain-Greiskraut
Wissenswert: Grüne Pflanzenteile sollten NICHT ROH gegessen werden. Es kann zu Übelkeit, Erbrechen und Durchfall führen.

Japanischer Staudenknöterich

Fallopia japonica (Knöterichgewächse)

Nutzbare Pflanzenteile: ganz junge Triebe, wenn sie gerade frisch aus dem Boden sprießen
Verwendung: ähnlich wie Rhabarber als Kompott, Kuchenbelag
Geschmack: säuerlich, Mischung aus Rhabarber und Sternfrucht
Sammelzeit: März bis April
Vorkommen: besonders nasse, nährstoffreiche Böden
Merkmale: wechselständige Blätter, eiförmig zugespitzt; kahler, rot gefleckter Stängel, erinnert an Bambus
Verwechslungsmöglichkeiten: keine
Wissenswert: Wie der verwandte Rhabarber enthält der Staudenknöterich Oxalsäure. Diese Säure bindet das Kalzium an sich. Beim Verzehr größerer Mengen von oxalhaltigen Nahrungsmitteln kann dadurch dem Körper Kalzium entzogen werden. Menschen mit Nierenproblemen und Osteoporose sollten nur geringe Mengen oxalhaltiger Nahrungsmittel zu sich nehmen. Ebenso wird Schwangeren vom Verzehr zu großer Mengen abgeraten.

Knoblauchrauke

Alliaria petiolata (Kreuzblütler)

Nutzbare Pflanzenteile: Blätter, Blüten
Verwendung: Würzkraut, junge Blätter und Triebspitzen im Salat
Geschmack: milder Knoblauchgeschmack, jedoch nur frisch, getrocknet fast neutral
Sammelzeit: Blüten im März–April
Blätter von Februar bis in den Herbst
Vorkommen: Mischwälder, halbschattige Standorte
Merkmale: Noch fast im Winter bzw. im zeitigen Frühjahr wächst zuerst eine Blattrosette mit lang gestielten dunkelgrünen Blättern; Grundblätter rundlicher; Blätter am Stiel wechselständig und herz- bis pfeilförmig, Blattrand gefurcht; weiße Blüte mit 4 Kronblättern (typisch für Kreuzblütler); Pflanze riecht mild nach Knoblauch, wenn die Blätter zwischen den Fingern etwas gerieben werden
Verwechslungsmöglichkeiten: keine

Kriechendes Fingerkraut

Potentilla reptans (Rosenblütengewächse)

Nutzbare Pflanzenteile: Blätter, Blüten
Verwendung: Salatpflanze
Geschmack: mild, salatartig
Sammelzeit: April bis September
Vorkommen: Wiesen, Gärten, Ackerränder, mag nährstoffreiche Böden
Merkmale: am Boden kriechend, bildet Wurzeln bei Bodenkontakt; 5-fach gefingerte Blätter, fein behaart, lang gestielt, Blattrand fein gezähnt; gelbe 5-zählige Blüte

Verwechslungsmöglichkeiten: Die ungiftige indische Scheinerdbeere (Potentilla indica) ist in der Blütezeit ähnlich, deren Blätter haben jedoch nur drei Finger, das Kriechende Fingerkraut dagegen hat fünf Finger. Ein anderer Name macht es leichter: Fünffingerkraut

Linde, Winterlinde

Tilia cordata (Lindengewächs)

Nutzbare Pflanzenteile: Blätter und Blüten
Verwendung: Blätter als Salat, Blüten für Tee, Sirup, Salat; Früchte zur Ölgewinnung
Geschmack: Blätter sehr mild, ähnlich wie Kopfsalat, Blüten süßlich, honigähnlich
Sammelzeit: Blüten Juni bis Juli; Blätter April bis Ende Juni
Vorkommen: Laubwälder, Parks, Dorfbaum, Alleebaum
Merkmale: Laubbaum; Rinde bei älteren Bäumen längsrissig und braungrau, bei jüngeren glatt und grau; Blätter herzförmig, gestielt, Blattrand gesägt; Blattoberseite glänzend, Blattunterseite blaugrün mit bräunlichen Haarbüscheln in den Nervenwinkeln; Hochblatt mit Blütenstand aus mehreren weißgelblichen Einzelblüten bestehend; süßlicher Duft
Verwechslungsmöglichkeiten: Mit der Sommerlinde (Tilia platyphyllos), diese hat etwas größere Blätter, kann aber in gleicher Weise verwendet werden. Ein Unterscheidungsmerkmal beider Lindenarten ist die Farbe der Blattbehaarung auf der Blattunterseite. In den Nervenwinkeln ist die Winterlinde braunrot, die Sommerlinde dagegen weiß behaart.

Löwenzahn

Taraxacum officinale (Korbblütler)

Nutzbare Pflanzenteile: Blätter, Blüten, Knospen, Wurzeln
Verwendung: Jungblätter v. a. als Salat, Blüten für Sirup oder Honig, Knospen als Kapernersatz, Kochgemüse, Wurzel geröstet als Kaffeealternative
Geschmack: erinnert an Chicoree, leicht bitter, mit der Saison zunehmend herber, daher regelmäßig gemähte Wiesen bevorzugen
Sammelzeit: Blätter ab März bis September; Blüten im April
Vorkommen: Fettwiesen und Weiden

Merkmale: dichte Blattrosette, Blätter eiförmig bis lanzettlich geformt, gering bis stark gelappt/eingeschnitten, jedes Blatt ein Unikat; unverzweigter und hohler Blütenstängel; ganze Pflanze enthält ungiftigen, klebrigen Milchsaft; Blütenkopf bestehend aus vielen gelben Zungenblüten, mit Pappus am Blütengrund; Pfahlwurzel, verzweigt
Verwechslungsmöglichkeiten: mit zweijährigem Pippau, Rauem Löwenzahn, Grundrosette mit nicht blühender Wegwarte oder Hirtentäschel, aber alle in gleicher Weise nutzbar

Nachtkerze

Oenothera biennis (Nachtkerzengewächse)

Nutzbare Pflanzenteile: Blüten, junge Blätter, junge Stängel, Wurzeln, Samen
Verwendung: Blätter als Salat, Wurzeln als Kochgemüse, Blüten als Salat und Dekoration
Geschmack: Blätter mild, salatartig; Wurzel mild, erinnert etwas an Schwarzwurzel
Sammelzeit: Grundblätter im zeitigen Frühjahr; Wurzeln im Herbst und Winter; Blüten und junge Stängel im Sommer
Vorkommen: Gärten, trockene nährstoffärmere Böden
Merkmale: aufliegende Blattrosette teils rötlich verfärbt; lanzettlich geformte Blätter, gegenständig am Stiel angeordnet; gelbe Blüten, die sich in der Dämmerung öffnen
Verwechslungsmöglichkeiten: keine
Wissenswert: Die Pflanze ist zweijährig und bildet im Herbst des ersten Jahres eine bodenständige Blattrosette. Erst im zweiten Jahr gelangt die Pflanze zur Blüte.

Nelkenwurz

Geum urbanum (Rosenblütengewächse)

Nutzbare Pflanzenteile: Blüten, Blätter und Wurzeln
Verwendung: Blätter als Würzkraut, Wurzeln als Gewürznelkenersatz
Geschmack: Blätter leicht bitter, herb, Wurzeln erinnern an Gewürznelkenaroma
Sammelzeit: Blüten und Blätter im Frühjahr, Wurzeln im Herbst und Winter
Vorkommen: Wald, Waldränder, Gebüsch, Haine, halbschattig, wärmeliebend

Merkmale: Früchtekopf mit vielen kleinen behaarten Nüsschen, mit Widerhaken an der Spitze wie beim Klettverschluss; gelbe Blüte mit 5 Kronblättern; Blätter der Sprossachse gegenständig angeordnet, Blattrand gezähnt, unpaarig gefiedert, Endfieder dreiteilig; Blattrosette, überwintert grün und erleichtert dadurch die Ernte im Winter.
Verwechslungsmöglichkeiten: vor der Blüte mit Bachnelkenwurz, wobei diese eher auf Feuchtwiesen und Bachufern zu finden ist

Primel

Primula vulgaris (Primelgewächse)

Nutzbare Pflanzenteile: Blätter, Blüten
Verwendung: Salat und Dekoration
Geschmack: mild, salatartig
Sammelzeit: Ende Februar bis April
Vorkommen: Wiesen, Gärten, Waldränder, Gebüsche
Merkmale: gelb, rosa, lila Blüten mit 5 Kronblättern, mittig meist gelber Farbfleck; langer Blütenkelch; Blätter in grundständiger Rosette angeordnet, spatelförmig zur Basis hin verjüngend; unebene Blattfläche durch Blattnerven
Verwechslungsmöglichkeiten: Blattrosette mit Echter oder Hoher Schlüsselblume
Wissenswert: Die Echte Schlüsselblume galt als Glücksblume – der Schlüssel zum Glück und findet sich in vielen Sagen und Märchen.

Quendel

Thymus pulegioides L. (Lippenblütler)

Nutzbare Pflanzenteile: Blätter, Blüten
Verwendung: Würzpflanze
Geschmack: etwas milder als echter Thymian
Sammelzeit: April bis Oktober (Blütezeit ab Mai)
Vorkommen: Magerwiesen, trockene und warme Standorte
Merkmale: niedrige, bodendeckende Pflanze; kleine eiförmige und gegenständig angeordnete Blätter; Blätter und Blüten duften nach Thymian durch ihre ätherischen Öle; vierkantiger Stängel (typisches Merkmal für Lippenblütler); Blütenstand endständig mit kleinen lilafarbenen Lippenblüten
Verwechslungsmöglichkeiten: ohne Blüten evtl. mit dem Kreuzlabkraut, das ebenfalls essbar ist

Rose

Rosa (Rosengewächse)

Nutzbare Pflanzenteile: Blütenblätter
Verwendung: essbare Blüten, Salat, Sirup, Aromatisierung von Süßspeisen, Gelee
Geschmack: typischer Rosengeschmack, v. a. bei Duftrosen
Sammelzeit: Juni bis August, je nach Sorte
Vorkommen: Gärten
Merkmale: Blätter unpaarig gefiedert, eiförmig, unbehaart, je nach Sorte glänzend oder matt; Blüten oft gefüllt in verschiedensten Farben, je nach Sorte mehr oder weniger duftend, zum Aromatisieren bedarf es Duftrosen. Die Rose hat Stacheln, keine Dornen.
Verwechslungsmöglichkeiten: keine
Wissenswert: Die Rose wurde bereits in der Antike als Parfüm verwendet; für 1 kg ätherisches Rosenöl bedarf es 5 000 kg frischer Rosenblätter!

Rose, Hundsrose

Rosa canina (Rosengewächse)

Nutzbare Pflanzenteile: Blütenblätter, Hagebutten
Verwendung: essbare Blüten, Salat, Hagebutten als Marmelade, Tee, Kerne ebenfalls als Tee
Geschmack: mild, dezenter Geschmack nach Rose, Hagebutten säuerlich
Sammelzeit: Juni bis August, je nach Sorte
Vorkommen: Hecken, Waldränder

Merkmale: ungefüllte Blüte mit 5 herzförmigen Blütenblättern; 5-zählig unpaarig gefiederte Blätter, Blattrand gezähnt
Verwechslungsmöglichkeiten: mit anderen ungefüllten Rosen
Wissenswert: Die feine Behaarung der Hagebuttenkerne wurde gerne als Juckpulver verarbeitet.

Rotbuche

Fagus sylvatica (Buchengewächse)

Nutzbare Pflanzenteile: ganz junge Blätter, Bucheckern, Keimlinge
Verwendung: Salat, Bucheckern geröstet als Knabberei
Geschmack: Blätter säuerlich, Bucheckern nussiges Aroma
Sammelzeit: Blätter Ende April, evtl. bis Anfang Mai (meist nur ein sehr kurzer Zeitraum von max. 2 Wochen), Bucheckern ab September bis November
Vorkommen: Laubwälder, Mischwälder
Merkmale: sommergrüner Laubbaum, grau-(grüne) glatte Rinde, anfangs hellgrüne Blätter, später dunkelgrün, Oberseite glänzend, Blattrand wellig mit feiner Bewimperung. 2 Bucheckern sitzen zusammen in einer stacheligen Fruchtkapsel, die geöffnet wie eine hölzerne Blume aussieht.
Verwechslungsmöglichkeiten: Hainbuche
Wichtig: Bucheckern enthalten **Fagin, Oxalsäure** und in geringen Mengen auch Blausäure. Um diese Giftstoffe abzubauen, **müssen Bucheckern vor dem Verzehr unbedingt länger erhitzt werden (durch Kochen und Rösten).** Bei rohem Verzehr kann es zu Übelkeit, Erbrechen, Durchfall und Schwindel kommen.

Schafgarbe

Achillea millefolium (Korbblütler)

Nutzbare Pflanzenteile: Blätter, Blüten
Verwendung: Würzkraut, Blütensirup
Geschmack: herb-würzig, bitter
Sammelzeit: April bis September
Vorkommen: Wiesen, Weg- und Ackerränder, meidet feuchte Standorte
Merkmale: weiß oder rosa blühende Scheindolde bestehend aus vielen Blütenkörbchen, ein Blütenkörbchen besteht aus mehreren mittig angeordneten Röhrenblüten, umgeben von 5 Zungenblüten, Blätter gegenständig angeordnet, bis auf die Blattnerven eingeschnitten, kantiger derber Stängel, schwer zu brechen
Verwechslungsmöglichkeiten: keine
Wissenswert: Die Blüten enthalten ätherisches Öl, dessen Farbe blau ist. Beim Verreiben der Blüten zwischen den Fingern wird ein erdiger Geruch freigesetzt.

Scharbockskraut

Ficaria verna (Hahnenfußgewächse)

Nutzbare Pflanzenteile: Blätter **vor der Blüte**
Verwendung: Salatbeigabe in kleineren Mengen, Würzkraut
Geschmack: feinherb, würzig, leicht scharf, ähnlich Rucola
Sammelzeit: Ende Februar bis April
Vorkommen: feuchte Standorte, Laub-, Misch- und Auwälder, Waldrand
Merkmale: rundliche bis herzförmige Blätter, die glänzen und lang gestielt sind, tiefer Blatteinschnitt am Stielansatz, bildet Kolonien, bodendeckend; Blüte leuchtend gelb, lang gestielt, sternförmig mit 8–11 Kronblättern

Verwechslungsmöglichkeiten: Gundelrebe siehe Seite 257, Haselwurz (giftig)
Wichtig: Das Scharbockskraut zählt zu den schwach giftigen Pflanzen, insbesondere dessen Inhaltsstoff, das Protoanemonin. **Vor der Blüte geerntete Blätter sind jedoch in mäßigen Mengen unbedenklich** und sehr schmackhaft. Nach der Blüte nimmt der Gehalt des Protoanemonins in den Blättern zu, daher sollten sie dann nicht mehr verzehrt werden. Vergiftungserscheinungen wären Übelkeit, Erbrechen und Durchfall.

Schwarzer Holunder

Sambucus nigra (Moschuskrautgewächse)

Nutzbare Pflanzenteile: Blüten, Beeren nur abgekocht
Verwendung: Blüten als Sirup, Cremes, zum Backen und Kochen für ein besonderes Aroma; Beeren als Sirup, Kompott, Cremes, Konfitüre
Geschmack: Blüten kein Vergleich, eben Holunderblütengeschmack; Beeren ähnlich der Heidelbeere, aber nicht ganz so süß, wenig Säuregehalt
Sammelzeit: Blüten von Mai bis Juni, Beeren August bis September
Vorkommen: Wälder, Waldränder, Haine, Feldwege, Hausgärten

Merkmale: Strauch; Rinde längsrissig, graubraun; reichlich Poren (Lentizellen); Blätter gegenständig und unpaarig gefiedert, meist 5 Fiedern; Scheindolde mit vielen kleinen weißgelblichen Einzelblüten; typischer Geruch zur Blütezeit; herabhängende schwarze Beeren
Verwechslungsmöglichkeiten: Roter Holunder, Zwergholunder (giftig)
Wichtig: In Blättern, Rinde, den rohen Beeren und den Samen ist das **Blausäureglykosid Sambunigrin** enthalten. **Die Beeren müssen vor dem Verzehr ca. 15 Minuten erhitzt werden.** Sonst kann es zu Übelkeit, Erbrechen, Durchfall und Magen-/Darmbeschwerden kommen.

Sommerportulak

Portulaca oleracea (Portulakgewächse)

Nutzbare Pflanzenteile: ganze Triebe, Blätter und Blüten
Verwendung: Salat
Geschmack: leicht säuerlich
Sammelzeit: Juni bis Oktober
Vorkommen: Einmal angebaut, verbreitet sich die Pflanze meist ungefragt und selbstständig.
Merkmale: sukkulente, kriechende Pflanze, Stängel verzweigt, Blätter gegenständig angeordnet, grün, spatelförmig, fleischig; Blüten gelb mit 6 Kronblättern; bei sehr sonnigem Standort können sich der Stängel und teils auch die Blätter rötlich verfärben
Verwechslungsmöglichkeiten: keine
Wissenswert: Sommerportulak ist ein Lichtkeimer und sehr samenreich mit bis zu 190 000 Samen pro Pflanze. Außerdem sind diese Samen bis zu 14 Jahre keimfähig. Der Sommerportulak wird auch als Gemüseportulak bezeichnet und seit Jahrtausenden als Nahrungspflanze genutzt. Er wurde bereits im 8 Jh. v. Chr. in babylonischen Schriften erwähnt.

Spitzwegerich

Plantago lanceolata (Wegerichgewächse)

Nutzbare Pflanzenteile: Blätter, noch geschlossene Blütenknospen
Verwendung: Salat, Kochgemüse, Würzkraut
Geschmack: Blütenknospen pilzig-nussig, Blätter leicht herbes Aroma, bei längerem Kochen (mind. 10 Minuten) entwickelt sich ein Pilzgeschmack
Sammelzeit: März/April bis September
Vorkommen: Wiesen, Weiden, Wegränder
Merkmale: Blattrosette, jedoch aufgerichtete Blätter; Blattform lanzettlich, längsverlaufende Blattadern; Stängel unverzweigt, endständige kolbenartige Blütenähre; auffällig lange Staubblätter
Verwechslungsmöglichkeiten: evtl. mittlerer Wegerich vor der Blüte

Taubnessel

Lamium maculatum (Lippenblütler)

Nutzbare Pflanzenteile: Blätter, junge Sprossen, Blüten aller Taubnesselarten
Verwendung: Kochgemüse (Salat), Blüten als essbare Dekoration
Geschmack: mild-aromatisch, Blüten etwas süßlich
Sammelzeit: April bis Oktober
Vorkommen: Gebüsche, Wald- und Wegränder, nährstoffreiche Laub- und Auwälder
Merkmale: vierkantiger Stängel; kreuzweise gegenständig angeordnete Blätter, Blattform ei- bis herzförmig; Blüten in mehreren Etagen quirlähnlich aus den Blattachsen entspringend; rosa bis violette Lippenblüten, Unterlippe stark gefleckt

Verwechslungsmöglichkeiten: Brennnessel, wenn die Taubnessel noch keine Blüten hat; mit anderen Arten, die jedoch gleich verwendbar sind
Arten:
Purpur Taubnessel – Lamium purpureum: ist kleiner und die Zeichnung der Unterlippe unauffälliger. Sie ist die erste Taubnessel, die blüht.
Weiße Taubnessel – Lamium album
Goldnessel – Lamium galeobdolon
Riesentaubnessel – Lamium orvala (unter Naturschutz)

Veilchen

Viola odorata (Veilchengewächse)

Nutzbare Pflanzenteile: Blätter, Blüten
Verwendung: Blätter im Salat; Blüten für Sirup, kandierte Blüten, essbare Dekoration
Geschmack: Blüten Veilchengeschmack, Blätter salatartig
Sammelzeit: März bis April
Vorkommen: Wiesen
Merkmale: Blätter lang gestielt, rundlich bis herzförmig; Blüten lila ohne deutlich weißes Zentrum, Sporn lila und gerade

Verwechslungsmöglichkeiten: mit anderen Veilchenarten, jedoch alle essbar
Das Duftveilchen blüht noch vor allen anderen Veilchenarten. Es gibt ca. 20 bis 30 Veilchenarten.
Arten:
Hainveilchen – Viola riviniana
Waldveilchen – Viola reichenbachiana
Hundsveilchen – Viola canina

Vogelmiere

Stellaria media (Nelkengewächse)

Nutzbare Pflanzenteile: gesamte Pflanze
Verwendung: Salat, Kochgemüse
Geschmack: sehr mild, erinnert an Mais
Sammelzeit: gesamtes Jahr über, wächst sogar noch an milden Wintertagen
Verwechslungsmöglichkeiten: mit anderen Sternmierenarten, die in gleicher Art zu verwenden sind
Vorkommen: Gemüsebeete, Wegränder, Gärten, Wälder, bevorzugt an feuchteren Standorten
Merkmale: kriechende, bodendeckende Pflanze; kleine eiförmige, gegenständige Blättchen; Stängel einreihig behaart, beim Abbrechen des Stängels kommt ein innerer Darm zum Vorschein; kleine weiße Blüten mit 5 Kronblättern, ein Kronblatt ist bis zur Basis tief eingeschnitten
Wissenswert: Die Vogelmiere ist im Volksmund auch bekannt als Hühnerdarm. Sie liebt es, sich klammheimlich im Winter unterm Schnee auf Gemüsebeeten auszubreiten. Mein Tipp! Anstatt ihr den Garaus zu machen und sie einfach rauszureißen, das Sternchen als leckeren Salat verspeisen (denn vorher wächst noch nichts anderes).

Waldmeister

Galium odoratum (Rötegewächse)

Nutzbare Pflanzenteile: ganze Pflanze vor der Blüte
Verwendung: zum Aromatisieren
Geschmack: charakteristischer Waldmeistergeschmack
Sammelzeit: April bis Mai
Vorkommen: mag es schattig, Laub- und Mischwälder und Gebüsche
Merkmale: vierkantiger, unverzweigter Stängel; 6–8 Blätter etagenweise in Quirlen angeordnet; kleine endständige weiße Blüten
Verwechslungsmöglichkeiten: Wald-Labkraut, ist essbar und mild im Geschmack, salatartig
Wissenswert: Das Cumaringlykosid kann beim Genuss größerer Mengen Kopfschmerzen und Übelkeit verursachen. (Umkehrwirkung – die Dosis macht das Gift.) Waldmeister entfaltet sein Aroma erst beim Welken. Bevor er zum Aromatisieren verwendet wird, sollte er mehrere Stunden bis zu einem Tag welken.

Waldsauerklee

Oxalis acetosella (Sauerkleegewächse)

Nutzbare Pflanzenteile: Blätter und Blüten
Verwendung: Salat, Eis, Cremes
Geschmack: sauer; ähnlich dem Sauerampfer
Sammelzeit: Blätter März bis Herbst; Blüten im März
Vorkommen: Laub- und Mischwälder
Merkmale: unverzweigte Stängel; lang gestielte Blätter, dreigeteilt, zusammengesetzt aus sehr herzförmigen Teilen; weiße Blüten mit 5 Kronblättern, rötlich-violette Aderung, gelber Fleck am Blütengrund, weiße Staubbeutel

Verwechslungsmöglichkeiten: Aufrechter Sauerklee. Dessen Stängel sind mehrfach verzweigt und seine Blüten sind gelb. Geschmack und Verwendung sind gleich. Der Aufrechte Sauerklee wächst meistens im Garten. Blüten können mit dem giftigen Buschwindröschen verwechselt werden. Die Blütezeit beider Pflanzen überschneidet sich und sie wachsen oft nebeneinander im Wald. Die Blüten des **Buschwindröschen** haben **6 Kronblätter, eine weiße Aderung und gelbe Staubbeutel**. Unbedingt die Blätter beachten.
Wissenswert: enthält Oxalsäure

Weißer Gänsefuß

Chenopodium album (Fuchsschwanzgewächse)

Nutzbare Pflanzenteile: Blätter, Triebspitzen
Verwendung: Salat, Kochgemüse
Geschmack: mild, spinatähnlich
Sammelzeit: April bis September
Vorkommen: Äcker, Gartenbeete
Merkmale: gestreifter Stängel; Blätter pfeil- bis keilförmig und an Unterseite bemehlt, wechselständig angeordnet; endständiger Blütenstand, aus Blattachsen entspringend bemehlte Blütenrispen
Verwechslungsmöglichkeiten: Gartenmelde und Spreizende Melde, aber in gleicher Weise verwendbar

Weißer Steinklee

Melilotus albus (Schmetterlingsblütler)

Nutzbare Pflanzenteile: hauptsächlich Blüten, Blätter
Verwendung: Blätter im Salat, Blüten für Sirup, zum Aromatisieren von Saucen und Cremes
Geschmack: Duft und Aroma ähnlich dem Waldmeister, sogar etwas intensiver
Sammelzeit: Blüten von Juni bis September
Vorkommen: Wegränder, Gebüsch, Schuttplätze

Merkmale: bis ca. 1 m hoch wachsend, Stängel vielfach verzweigt; Blätter dreiteilig gefiedert, Blattrand gezähnt; Blütenstand lang-traubig, weiße Blüten; intensiver süßlicher Duft
Verwechslungsmöglichkeiten: Gelber Steinklee, aber in gleicher Weise verwendbar
Wissenswert: Steinklee entfaltet sein Aroma erst beim Welken. Bevor er zum Aromatisieren verwendet wird, sollte er mehrere Stunden bis zu einem Tag welken.

Wiesenbärenklau

Heracleum sphondylium (Doldenblütler)

Nutzbare Pflanzenteile: Blätter, junge Stängel, Blütenknospen, Wurzel
Verwendung: Kochgemüse, junge Knospen wie Broccoli
Geschmack: mild, leicht würzig
Sammelzeit: April bis September
Vorkommen: Wiesen, Weiden, Wegränder
Merkmale: weich behaarte und gefiederte Blätter, Stängel gefurcht; an den Blattachsen bauchige Blattscheiden; Dolde als Blütenstand mit vielen kleinen weißen Einzelblüten
Verwechslungsmöglichkeiten: Herkulesstaude = Riesen-Bärenklau, aber nur wenn er noch ganz jung und klein ist, dieser kann eine Wuchshöhe bis 3 m erreichen. Die Blattform wirkt insgesamt härter, hart gezahnt und gefiedert. Blattbreite bis zu 1 m. Durch ihren Inhaltsstoff **Furanocumarin** kann die Herkulesstaude Verbrennungen 2.–3. Grades verursachen.
Wichtig: Auch der Wiesenbärenklau enthält das phototoxische Furanocumarin in geringem Maße. Bei sehr sensiblen Menschen kann dies zu Hautrötungen und punktuellem Sonnenbrand **in Verbindung mit Sonneneinstrahlung** führen. Im Samen ist das Furanocumarin am höchsten. Durch das Kochen wird diese Substanz inaktiviert und der Verzehr unbedenklich.

Wiesen-Glockenblume

Campanula patula (Glockenblumengewächse)

Nutzbare Pflanzenteile: Blüten und Blätter
Verwendung: Salat, essbare Dekoration, Blüten im Gebäck
Geschmack: mild, salatähnlich
Sammelzeit: Blüten Mai bis Juli
Vorkommen: Magerwiesen

Merkmale: aufrechter Stängel mit wechselständig angeordneten Blättern; untere Blätter sind verkehrt eiförmig, die oberen spitzlanzettlich; 5 lilafarbene Kronblätter, glockenförmig verwachsen
Verwechslungsmöglichkeiten: mit anderen Glockenblumen, die ebenfalls essbar sind

Wiesen-Labkraut

Galium mollugo (Rötegewächse)

Nutzbare Pflanzenteile: junge Triebspitzen
Verwendung: Salat, Kochgemüse
Geschmack: mild, salatähnlich
Sammelzeit: März bis April (bis September, wo gemäht wird)
Vorkommen: Fettwiesen, Weg- und Waldränder
Merkmale: vierkantiger, mehrfach verzweigter Stängel; Blätter quirlständig, schmal-lanzettlich; Blütenstand traubenförmig, Einzelblüte mit 4 weißen Kronblättern

Verwechslungsmöglichkeiten: mit anderen Labkräutern, jedoch alle in gleicher Weise verwendbar
Wissenswert: Der Volksname Labkraut weist auf die historische Verwendung der Pflanze in der Käseherstellung hin. Die Labkraut-Arten enthalten das Ferment Lab, das echte gelb blühende Labkraut enthält besonders viel des Ferments.

Wiesensauerampfer

Rumex acetosa (Knöterichgewächse)

Nutzbare Pflanzenteile: Blätter
Verwendung: Salat, Kochgemüse
Geschmack: säuerlich
Sammelzeit: Frühjahr bis Herbst
Vorkommen: Fett- und Magerwiese, Weiden
Merkmale: Stängel teilweise rötlich gefärbt, Grundblätter lang gestielt, Blätter am Stängel wechselständig angeordnet, Blattform pfeilförmig; rispig rötliche Blütenstände
Verwechslung: mit anderen Sauerampfer-Arten
Weiteres: Der Wiesensauerampfer enthält Oxalsäure. Pflanzen mit einem hohen Gehalt an Oxalsäure (z. B. Rhabarberblätter, Sauerampfer, Mangold) sollten nur in Maßen gegessen werden. Die Oxalsäure bindet im Körper Kalziumionen und kann im Nieren- und Harnwegssystem kristallieren und zur Steinbildung führen. Darüber hinaus kann sie zu Störungen des Kalziumstoffwechsels beitragen. Dafür müssen jedoch sehr hohe Dosen zu sich genommen werden. Schwangere sollten jedoch vorsichtiger beim Verzehr von oxalsäurehaltigen Lebensmitteln sein, da ihr Kalziumbedarf in dieser Zeit höher ist.

Wiesenklee

Trifolium pratense (Schmetterlingsblütler)

Nutzbare Pflanzenteile: Blüten und Blätter
Verwendung: Salat, essbare Blüten zur Deko
Geschmack: Blüten dezent süßlich, Blätter mild-herb
Sammelzeit: Mai bis September
Vorkommen: Fettwiesen und -weiden
Merkmale: Blätter dreiteilig gefiedert, Teilblätter eiförmig bis elliptisch geformt mit auffälliger weißer Zeichnung, wechselständig und spiralig am Stängel angeordnet, untere Blätter lang gestielt; kugelförmiger Blütenstand mit rosa- bis purpurfarbenen Einzelblüten, 5 Kronblätter zu einer Röhre verwachsen
Verwechslungsmöglichkeiten: Mittlerer Klee, in gleicher Weise verwendbar
Wissenswert: Rot- und Weißklee werden auch zur Gründüngung auf Feldern angebaut, da sie wie andere Schmetterlingsblütler mithilfe von Knöllchenbakterien Stickstoff aus der Luft binden können. Diese Stickstoffgewinnung ist effektiver als Kunstdünger, jedoch liegt das Feld derweil brach und kann nicht zum Anbau genutzt werden.

Wiesensalbei

Salvia pratensis (Lippenblütler)

Nutzbare Pflanzenteile: Blüten und Blätter
Verwendung: essbare Blüten zur Deko, Blätter als Würzkraut
Geschmack: Blüten mild; Blätter herb, würzig, dezenter Salbeigeschmack
Sammelzeit: Blätter ab April; Blüten Mai bis Juni
Vorkommen: Magerwiesen, kalkhaltige Böden
Merkmale: vor der Blüte bodennahe Blattrosette, gegenständig angeordnete Blätter, duften beim Zerreiben aromatisch; Stängel vierkantig; scheinbar quirlig stehende Blüten, dunkelviolette Lippenblüten
Verwechslungsmöglichkeiten: mit dem gelb blühenden Klebrigen Salbei, der an Waldrändern, Laub- und Mischwäldern wächst

Wiesenschaumkraut

Cardamine pratensis (Kreuzblütler)

Nutzbare Pflanzenteile: Blätter und Blüten
Verwendung: essbare Blüten zur Deko, Blätter als Würzkraut
Geschmack: stark kresseartig, etwas scharf
Sammelzeit: April bis Mai
Vorkommen: frische, feuchte Wiesen, Gärten

Merkmale: kleine grundständige Blattrosette, am Stängel noch kleinere gegenständig angeordnete Blätter, unpaarig gefiedert; endständig traubiger Blütenstand mit kleinen vierblättrigen rosafarbenen Blüten
Verwechslungsmöglichkeiten: keine

Wilde Malve

Malva sylvestris (Malvengewächse)

Nutzbare Pflanzenteile: Blätter, Blüten, Samen, Wurzeln
Verwendung: Salat, Tee, Kochgemüse
Geschmack: mild, Samen leicht erbsig bis nussig
Sammelzeit: Blüten Juni bis September, Blätter Mai bis September
Vorkommen: Ruderalstellen, Gärten, Acker- und Wegränder
Merkmale: lang gestielte 5-lappige Blätter, wechselständig angeordnet, Blattrand gezähnt; rosa bis violette Blüten mit 5 Kronblättern, jedes Kronblatt ist herzförmig eingebuchtet mit zarter lilafarbener Äderung; Früchte wie kleine Käselaibe, scheibenförmige Spaltfrucht
Verwechslungsmöglichkeiten: mit anderen Malvenarten, aber in gleicher Weise nutzbar
Wissenswert: Die Malve ist eine der ältesten Nutzpflanzen und wurde bereits in der Antike als Gemüse- und Heilpflanze angebaut. Ein weiterer Name ist Große Käsepappel. Dieser leitet sich von ihren Früchten ab, die wie Mini-Käselaibe aussehen. Aus ihnen wurde in der Volksmedizin ein sogenannter „Papperl", ein stärkender Brei zum Aufpäppeln, zubereitet.

Wilde Möhre

Daucus carota subsp. carota (Doldenblütler)

Nutzbare Pflanzenteile: Blätter, Blüten und Wurzel
Verwendung: Würzpflanze, Wurzelgemüse
Geschmack: fast ident mit der Kulturkarotte
Sammelzeit: Wurzel im Herbst oder im Frühjahr bis April; Blattgrün von Frühjahr bis Herbst; Blüten im Hochsommer
Vorkommen: Magerwiesen
Merkmale: dicke, fleischige Pfahlwurzel, Wurzel ist blassgelblich, verzweigt; hohler, gefurchter und behaarter Stängel; grundständige Blattrosette; Blätter zwei- bis dreifach gefiedert, am Stängel wechselständig angeordnet; weiße Blütendolde, in der Mitte der Dolde befindet sich sehr oft eine dunkelviolette Einzelblüte; Blätter und Wurzel duften intensiv nach Karotte; gutes Erkennungszeichen sind die filigranen zwei- bis dreifach gefiederten Hüllblätter
Verwechslungsmöglichkeiten: Blätter mit dem Wiesenkerbel und manchmal mit der Schafgarbe
Wissenswert: Die Wilde Möhre ist eine zweijährige Pflanze. Sie bildet im ersten Jahr im Herbst eine bodenständige Blattrosette. Erst im zweiten Jahr gelangt die Pflanze zur Blüte. Sobald ihr Wachstum beginnt, verholzt sich die Wurzel und wird ungenießbar.

Wirbeldost

Clinopodium vulgare (Lippenblütler)

Nutzbare Pflanzenteile: Blätter und Blüten
Verwendung: Würzpflanze
Geschmack: ähnlich dem Dost, aber milder
Sammelzeit: April bis Oktober (Blütezeit ab Juni, Juli)
Vorkommen: Gebüsch-, Wald- und Wegränder, Magerwiesen

Merkmale: unverzweigter vierkantiger Stängel; Blätter eiförmig und kreuzgegenständig angeordnet; violette Lippenblüten in dichten Scheinquirlen angeordnet
Verwechslungsmöglichkeiten: vor der Blüte mit Dost

essbare Blüten im Frühling

und noch viele mehr.

Salatkräuter im Frühling

und noch viele mehr

essbare Blüten im Sommer

und noch viele mehr

Nachtkerze
(Edel)Rose
Taglilie
Schafgarbe
Wilde Malve
Johanniskraut
Wirbeldost
Geranie
Kapuzinerkresse
Linde
Ringelblume
Quendel
Klatschmohn
Ährige
Teufelskralle
Steinklee
essbare Blüten im Sommer
und noch viele mehr

Wildspinat

und noch viele mehr

Beruflkraut
Wiesensalbei
Sauerampfer
Schafgarbe
Gundelrebe
Nelkenwurz
Bärlauch
Löwenzahn
Spitzwegerich
Knoblauchrauke
Große
Bibernelle
Giersch
Großer
Wiesenknopf
Quendel
Wirbeldost
Wilde
Möhre
Würzkräuter
und noch viele mehr

Herzlichen Dank

Die Liebe fürs Kochen und Backen hab ich wohl von meiner Oma Lottchen geerbt. Ihre Rezepte gab sie allerdings häufig in Gefühlsmengen an, so wie die Mehlmenge in Kuchenteigen, da meinte sie einfach: „Nimm so viel Mehl, wie es fasst." Heute koche und backe ich selbst mit gefühlten Mengen und bin meiner Oma dankbar für die gemeinsame Zeit in und außerhalb der Küche.

Ciara Z. und Aurelia P. sind meine wunderbaren Fotomodelle für Kirschohrringe und Wiesensauerampfereis. Ich danke euch und euren Eltern recht herzlich. Und dann sind da noch zahlreiche Testesser. Danken möchte ich Freunden, Kollegen und Nachbarn, die sich alle freiwillig für die wilde Kulinarik opferten. Ein ganz besonderer Dank geht an Doris Neumann, die mein Manuskript von vorn bis hinten durchgelesen hat, mir mit wertvollen Hinweisen half und mich während der Entstehung meines Werkes unterstützte.

Und ohne meine Schwester Madlen Orthacker und meine Neffen Casimir und Nepomuk wäre dieses Buch nur halb so gut geworden. Ein riesengroßes Dankeschön für all eure Unterstützung, Beratung, Kritik, fürs Testessen und Aufessen.

Autorin

Nicole Maurer liebt es, in und mit der Natur zu sein und sich immer wieder von ihr überraschen zu lassen. Aufgewachsen in der ehemaligen DDR, lebt und arbeitet sie heute in der Steiermark. Seit vielen Jahren ist die Kräuterpädagogin und Wildnistrainerin von der Welt der Wildkräuter fasziniert. Und da sie fürs Kochen und Backen ebenfalls eine große Vorliebe hat, kommt die Natur auch häufig auf den Teller. Von der Vorspeise bis zum Dessert darf es grün, bunt und wild sein. Neben ihrem Beruf als Intensivkrankenschwester veranstaltet sie von Frühjahr bis Herbst Wildkräuterspaziergänge mit Kochwerkstatt. In ihren Kursen wird die Natur zur Küche und wilde Kräuter werden zum Gaumenglück.

www.mondblumenzeit.at

Rezeptregister